Plaudereien mit Luther

Thomas Maess (Hg.)

Plaudereien mit Luther

Köstliches aus Tischreden und Briefen

edition ⚜ chrismon

Die Texte zu dieser erweiterten Neuausgabe sind so ausgewählt, dass sie möglichst viele Lebensbereiche einschließen und unterhaltsam bleiben. Theologische Dispute wurden weitgehend ausgeklammert; ebenso auch Textstellen, die Personen zum Thema haben, die uns heute unbekannt sind. Die Auswahl entspricht keinen wissenschaftlichen Methoden oder Vorgaben. Die Lutherforschung wurde nur insoweit genutzt, als die Texte aus unterschiedlichen Veröffentlichungen stammen, die als wissenschaftliche Editionen gelten. Aber auch populäre Ausgaben der Tischreden Luthers wurden für diese Ausgabe herangezogen, wie auch Luthers Fabelübersetzungen aus dem 50. Band der „Weimarana", der Gesammelten Werke Martin Luthers. Besonders danke ich dem Präsidenten der Luther-Gesellschaft, Johannes Schilling, für seine bei Reclam erschienene Publikation „Luther zum Vergnügen" (2008). Die Ausgabe „Tischreden" von Kurt Aland im gleichen Verlag (1959) wurde ebenfalls für dieses Buch kräftig genutzt.

Kiel, im Juli 2015
Thomas Maess

Worüber Luther in diesem Buche plaudert

Zur Einführung

In der Schrift zur Verteidigung seiner Bibelübersetzung, dem „Sendbrief vom Dolmetschen", hat Martin Luther die inzwischen historisch gewordenen Sätze formuliert: „Man muß nicht den Buchstaben in der lateinischen Sprache fragen, wie man Deutsch reden soll, wie diese Esel tun; sondern muß die Mutter im Hause, die Kinder in der Gassen, den gemeinen Mann auf dem Markte fragen. Und man muß denselben aufs Maul schauen, wie sie reden. Dann soll man dolmetschen. So verstehen sie es und merken, daß man Deutsch mit ihnen redet."

Das kleine Büchlein fasst Kostproben von Luthers Sprachkunst zusammen. Vor allem sind es die Tischreden, die noch heute Köstliches zutage fördern.

Sie sind wahrhaft legendär. Generationen von christlichen Familien, von Theologen, von Sprachforschern, Dichtern und solche, die sich dafür hielten, haben in den Tischreden reiche Beute machen können. Sie sind eine unerschöpfliche Quelle für theologische Dispute, für Volkswitz und Volksweisheit, für Zitatenbücher und deftige Sprüche.

Martin Luther hat kein Thema ausgelassen. Es gab nichts, über das er nicht bei Tische geplaudert hat. Eifrige Studenten, Kollegen, Gäste und Freunde schrieben auf, was der Hausherr Martin Luther während der ziemlich üppigen Mahlzeiten von sich gab. Die Überlieferungen sind in verschiedenen Ausgaben der Werke Martin Luthers niedergelegt, nachlesbar in unterschiedlichen Schreibweisen und unterschiedenen sprachlichen

Angleichungen. Leider gibt es keine Originalhandschriften der Aufzeichnungen mehr, nur noch Abschriften. Im Jahr 1566 erschien bereits die erste Tischredenausgabe im Druck. Durch den Vergleich verschiedener Handschriften und Drucke konnten seither immer vollständigere Ausgaben hergestellt werden. In der letzten wissenschaftlichen Ausgabe der Tischreden, die von 1912 bis 1921 in Weimar erschien, zählt man über 7000 lateinische und deutsche Redenachschriften.

Was aber alle diese Überlieferungen vereint, das ist die Freude an der Formulierung, der Witz, die sprachliche und gedankliche Tiefe, die pointierten Sprüche, die gelungenen und weniger gelungenen Urteile über Zeitgenossen, Ansichten, Meinungen oder Persönlichkeiten. Mit Luthers Tischreden können wir auf eine unterhaltsame Weise tief in das 16. Jahrhundert blicken – ein Jahrhundert, das in Deutschland und Europa ansonsten keinesfalls unterhaltsam ablief.

Mit der deutschen Sprache ging Martin Luther so überzeugend um, dass seine Worte sehr schnell die Runde machten: bei Studenten, an der Wittenberger Universität, an den deutschen Fürstenhöfen und natürlich in den Pfarreien, die sich der Reformation anschlossen. Man muss sich klar machen, dass damals die lateinische Sprache in den Kirchen, den Hörsälen und vielfach auch in den Verwaltungen vorherrschte. Das reformatorische Anliegen Martin Luthers aber wurde zunehmend mit der deutschen Sprache verknüpft. Das „Luther-Deutsch" wurde zu einem entscheidenden Instrument in den Auseinandersetzungen des 16. Jahrhunderts.

Martin Luther selbst kannte von seinem Elternhaus her das Thüringische; in seinem Geburtsort Eisleben und später in Mansfeld, wo der Vater als Unternehmer im Bergbau tätig war, sprach man niederdeutsch, auch in Wittenberg wurde neben dem Mitteldeutschen das Niederdeutsche noch gesprochen. Während seiner Universitätsjahre 1501 bis 1505 lernte er das Lateinische beherrschen. Doch Luthers Heimatgebiet, die Stätte seines hauptsächlichen Wirkens, Wittenberg, lag ungefähr auf der Grenze vom Niederdeutschen zum mitteldeutschen Sprachraum. Dieser Raum, im damaligen ostdeutschen Gebiet liegend, sollte für die Herausbildung des modernen Deutsch von herausragender Bedeutung werden. Die umwälzenden Ereignisse der Reformation haben diese ostmitteldeutsche Sprachform bis in den Süden Deutschlands getragen. Da Luther dabei die „gemeine Sprache" ganz bewusst pflegte und auch in den theologischen Auseinandersetzungen seiner Zeit nutzte, wurde sie zu einem starken nationalen Kommunikationsmittel; wie eine Lawine erfasste diese Sprache alle Schichten des Volkes.

Wie die Tischreden und auch die Fabelübersetzungen zeigen, ist Luthers Sprache nicht nur präzis treffend, sie ließ auch manches Mal die im 16. Jahrhundert ohnehin sehr weitgesteckten Grenzen der Höflichkeit hinter sich. So ist uns eine kurze Charakteristik über Luther von dem Rektor der Leipziger Universität, Petrus Mosellanus, aus dem Jahre 1518 überliefert: *Martinus ist mittlerer Leibeslänge, von hagerem, durch Sorgen und Studieren erschöpftem Körper, so dass man fast die Knochen durch die Haut zählen könnte, von männlichem, frischem Alter und hoher, klarer Stimme. Er ist aber voller Gelehrsamkeit und vortrefflicher Kenntnis der Schrift … Es fehlt ihm auch nicht an Stoff, und er hat einen großen Vorrat an Worten und Sachen. Im Leben und in seinem Betragen ist er sehr höflich und freundlich*

und hat nichts Strenges und Sauertöpfisches an sich, er
kann sich in alle Zeiten schicken. In Gesellschaft ist er
lustig, scherzhaft und immer freudig, immer munteren
und fröhlichen Gesichts, ob ihm auch die Widersacher
noch so drohen. Nur den einen Fehler tadeln alle an
ihm, dass er im Schelten etwas zu heftig und beißend
sei, mehr als es für einen, der in der Theologie neue
Pfade finden will, sicher und für einen Gottesgelehrten
schicklich ist.

Es war das Jahr 1508, als Martin Luther an der Universität
zu Wittenberg mit Studien und Lehre seine akademische
Laufbahn begann. Er wohnte im „Schwarzen Kloster",
einem Bau, der von den Augustinern als Bildungsstätte
und Schlafhaus errichtet wurde. Nach der Reformation,
im Jahr 1524, als das Kloster verwaist war, bekam es
Martin Luther aus der Hand des Kurfürsten geschenkt.
Er wohnte dort bis zu seinem Tod im Jahr 1546. Vorwiegend in diesem Haus, das heute als Museum eingerichtet
ist, wurden die legendären „Tischreden" gehalten. Man
schätzte die Reden, die Luther in großer Tafelrunde gehalten hat; sie bestimmten vielfach die Stadtgespräche

in Wittenberg. Keineswegs wurden sie chronologisch sauber aufgeschrieben, redigiert und von dem Hausherrn autorisiert. Nein, es gibt sehr viele Nachschriften, und es ist nahezu unüberschaubar, was wirklich authentisch von Luther gesagt wurde. Und so ist es nicht verwunderlich, wenn derbe Sprüche oder schöne Bonmots, kleine Bosheiten oder brillante Redewendungen Dr. Luther zugeschrieben wurden, auch wenn sie nachweislich nicht von ihm stammten. Dazu zählt zum Beispiel das vielzitierte Wort vom Apfelbäumchen: *Und wenn ich wüsste, dass morgen die Welt unterginge, so würde ich doch heute noch ein Apfelbäumchen pflanzen.* Ebenso stammt das kleine Gedicht

Wer nicht liebt Wein, Weib und Gesang
der bleibt ein Narr sein Leben lang.

kaum von Luther – zuzutrauen ist es ihm aber.

Im Hause der Luthers am Anfang der Collegienstraße, wohnte das Ehepaar Luther mit sechs Kindern nicht allein. Ständig lebten dort zwischen 20 und 50 Personen, die natürlich auch mit bei Tische saßen. Neben Studenten waren das Gäste aus der Nähe und der Ferne, Freunde und Bekannte der Familie, Hausangestellte und Tutoren der Universität mit ihren Familien. Wie ein mitfühlender Besucher im Jahr 1542 schrieb: *Im Hause des Doktors wohnt eine wunderlich gemischte Schar aus jungen Leuten, Studenten, jungen Mädchen, Witwen, alten Frauen und Kindern, weshalb große Unruhe im Hause ist, derentwegen viele Luther bedauern.* Katharina Luther, seine liebe „Käthe", musste jahrelang einen Hausstand mitsamt den Mahlzeiten für 20 bis 50 Personen organisieren. Nebenbei bekam sie noch sechs Kinder. Bei solchen Verhältnissen hätte sie heute ganz gewiss die Jugendhilfe am Hals. Und nach heutigen Maßstäben wäre ein solcher Betrieb mindestens eine Jugendherberge, eine Pension oder ein Wohnheim. Mit Luthers Professorengehalt alleine war das nicht zu stemmen. Und so kümmerte sich Katharina ziemlich geschäftstüchtig um Einnahmen von allen Seiten. Am Ende von Luthers Leben zählte dessen Hausstand zu dem üppigsten, was Wittenberg zu bieten hatte. Neben den Einnahmen durch die Dauergäste betrieb die Familie Luther reichlich Landwirtschaft. Sie hatten neben Kühen, Schweinen und Geflügel einen Fischteich, einen Weingarten, Gemüsebeete und sogar eine eigene Brauerei.

Der Nahrungsbedarf so vieler Gäste musste zum großen Teil aus dem eigenen Anbau gedeckt werden. In den Tischreden erfahren wir Näheres aus dem Jahre 1534: *Auf die Haushaltung des Doktor Martinus ist jährlich gangen 300 Gulden für Fleisch, 200 Gulden für Bier, 50 Gulden für Brot.* Im Jahre 1542 gehörten den Luthers fünf Kühe, neun Kälber, acht Schweine, zwei Mutterschweine, drei Ferkel, eine Ziege und zwei Zicklein.

Die Geschäftstüchtigkeit der Ehefrau Luthers ging so weit, dass sie ernstlich anregte, den Zuhörern Luthers bei Tische ein Eintrittsgeld, eine Schutzgebühr, abzuverlangen, vor allem dann, wenn sie sich Worte des Meisters notieren wollten. Luther selbst ging das wohl zu weit, und er wies seine Frau zurecht: *Ich habe dreißig Jahre gratis gelehrt und gepredigt. Warum sollte ich jetzt, da ich alt und schwach bin, damit Handel anfangen? Der Doktor ist kein theologischer Schankwirt!*

Am Tische ging es normalerweise sehr gesittet zu. Die vielen Personen wurden entsprechend ihrem gesellschaftlichen Ansehen platziert. An der Stirnseite des langen Tisches saßen Martin Luther und seine Frau. Es war bis weit ins 20. Jahrhundert üblich – und ist es bei offiziellen festlichen Gelegenheiten immer noch – dass die Tischordnung die gesellschaftlichen Unterschiede von Stand, Reichtum und Ansehen wiedergab. Die Messer brachten die Gäste mit, das übrige Besteck – in aller Regel Löffel unterschiedlicher Größe – gehörte dem Hause Luther. Die Finger wurden ebenfalls zum Essen benutzt. Man begann die Mahlzeit mit einem Tischgebet, manchmal auch einer Bibellesung, vielfach mit einem geistlichen Gesang. Gemeinsam wurde am späten Vormittag sowie am frühen Abend gespeist.

Martin Luther legte großen Wert auf eine gute Küche: *Alles Übel erwächst daraus, dass ein Weib nicht kochen kann* – so soll er gesagt haben. Archäologische Ausgrabungen im Hause Luther und den angrenzenden Gebäuden haben gezeigt, was vorwiegend verspeist wurde: Es gab zu den Mittagstischen Fleisch- und Fischgerichte. Da zu Luthers Zeiten Kartoffeln unbekannt waren, gab es zu den Gerichten Getreidebrei, Rübenmus, Weißkohl mit Speck, Linsen, Brot oder ein Püree aus Hülsenfrüchten. Zum Nachtisch servierte die Hausangestellte häufig einen mit Honig und Gewürzen gefüllten Bratapfel. Von Luther ist bekannt, dass er besonders

Erbsen mochte. Außerdem bevorzugte er neben Salz-
heringen auch Schweinefleisch. Das Fleisch wie auch der
Fisch samt den Zutaten stammten meist aus dem Garten-
betrieb der Luthers. Auch die Milchprodukte stellten sie
selbst her. Getrunken wurde gerne Leichtbier und Wein
– auch die Kinder tranken mit.

Askese gehört nicht zu Luthers Vorzügen. Ganz im
Gegenteil. Er mag es fröhlich und ausgelassen, herzlich
und zugetan. In dieser Stimmung wird der Tisch reichlich gedeckt. Der Reformator isst gerne in Gesellschaft.
Doch er hat dabei nicht nur die körperliche Stärkung im
Sinn. Es geht ihm immer auch um die geistige und geist-
liche Stärkung. So eine fröhliche Tafelrunde ist wie geschaffen dafür, Lebensweisheiten auszuplaudern, Tipps
für Haus und Hof zu geben, Gedanken über die Liebe und
die Ehe auszutauschen und im wahren Sinn des Wortes
über Gott und alle Welt zu reden. Luther nutzt mit Vergnügen die Runde, um über alles zu sprechen, was ihm
zu Herzen geht. Mitunter wird aus einem kleinen Bibel-
vers gleich eine ganze Predigt oder er findet kein Ende
bei einem interessanten Gedanken über den Reichtum.
Fleißig jedenfalls wird mitgeschrieben, in Stichpunkten

notiert oder später aus dem Gedächtnis protokolliert. Luther ermuntert seine Gäste geradezu mitzuschreiben. So mancher Braten wird wohl kalt dabei geworden sein.

Die Früchte der Natur, das Getreide vom Feld und das Fleisch der Tiere betrachtete Luther als Geschenke Gottes. Und so versammelt sich ganz in diesem christlichen Sinne zwei Jahrzehnte lang in dem kleinen Universitätsstädtchen Wittenberg an der Elbe eine heitere Schar, die die Güte Gottes preist und seine Gaben dankbar verspeist. Luther hat das 1531 besser noch ausgedrückt: *Gott will, dass wir fröhlich seien, und hasst die Traurigkeit. Wenn er nämlich gewollt hätte, dass wir traurig seien, hätte er uns nicht die Sonne, den Mond und die anderen Schätze der Erde geschenkt. Dies alles gibt er uns zur Freude. Sonst hätte er Finsternis geschaffen und nicht zugelassen, dass die Sonne immer wieder aufgeht oder dass der Sommer immer wieder kommt.*

Was Luther über Deutschland und andere Länder meint

Deutschland als Ganzes

Deutschland ist ein sehr gutes Land, hat von allem genug, was man haben will, um dies Leben reichlich zu erhalten. Es hat allerlei Früchte, Korn, Wein, Getreide, Salz, Bergwerk und was aus der Erde zu kommen und zu wachsen pflegt. Allein mangelt's an dem, dass wir's nicht achten noch recht gebrauchen, wie wir es sollten,

Gott zu Ehren und dem Nächsten zum Nutzen, und ihm dafür danken. Ja, wir missbrauchen es aufs Allerschändlichste, viel schlimmer als die Säue. Gott gibt alles mild und reichlich, sodass niemand Grund zu klagen hat, und fordert nichts anderes von uns, als nur allein, dass wir ihm gehorsam sind und ein „Deo Gratias" – „Gott sei Dank" sagen.

Deutschland ist nicht mehr das, was es hat werden sollen – der leidige Geiz und der Wucher haben es zu Grunde gerichtet.

Deutschland ist wie ein kräftiges Pferd, das Futter und alles hat, dessen es bedarf. Es fehlt ihm aber an einem Reiter. Gleich nun wie ein starkes Pferd ohne einen Reiter in die Irre läuft, so ist auch Deutschland stark genug an Kräften und Menschen, es mangelt ihm aber an einem Regenten.

Es mangelt den Deutschen an nichts; sie haben von allem genug. Nur an Verstand, Wissenschaft und am Fleiß fehlt's ihnen, ja auch am Gebrauch einer Sache.

Unser Herrgott muss uns Deutschen die Trunkenheit als eine tägliche Sünde anrechnen, denn wir können's wohl nicht lassen. Und sie ist doch so eine schändliche Plage, dass sie Leib und Seele, Hab und Gut wehtut.

Deutschland im Speziellen

Wenn ich viel reisen müsste, würde ich nirgends lieber als durch Schwaben und das Bayernland ziehen. Denn sie sind freundlich und gutwillig, beherbergen einen gerne, kommen Fremden und Wandersleuten entgegen und verhalten sich den Leuten gegenüber ordentlich, auch was das Geld angeht. Hessen und Meißner tun es ihnen in gewisser Weise nach, sie nehmen aber ganz gut ihr Geld dabei. Sachsen ist ganz unfreundlich und unhöflich. Man gibt einem dort weder gute Worte noch gut zu essen. Sie sagen: „Live Gast, ick weit nit, wat ick ju te eten geven soll, dat Wif ist nit daheimen, ick kann ju nit beherbergen." Ihr seht hier in Wittenberg, was für ein unfreundliches Volk es hier gibt. Sie fragen weder nach Ehrbarkeit und Höflichkeit noch nach der Religion. Denn kein Bürger lässt seinen Sohn studieren, obwohl sie doch ein großes Exempel sehen an der Anzahl der fremden Studenten und Gäste. Ach, das Land bringt's nicht!

Die Meißner sind stolz und arrogant, brüsten sich mit ihrer Weisheit, obwohl sie doch keine haben. Die Thüringer sind unzuverlässig und habsüchtig. Die Böhmen übertreffen alle anderen an Widerwillen. Die Bayern sind doof und geistlos, was freilich bewirkt, dass sie ganz rechtschaffen sind. Die Franken und die Schwaben sind schlicht und zuverlässig. Die Schweizer sind die besten Germanen, beherzte, unverstellte Leute. Die Polen sind Diebe und das übelste Menschengeschlecht. Die Niederländer und Holländer sind richtige Gaukler. Die Rheinländer sind verschmitzte Abenteurer und auf ihren Vorteil bedacht.

Köln hat eine große Kirche, da stehen vier Reihen Pfeiler, in jeder Reihe zwanzig Pfeiler. Das sind enorme Gebäude, und sie sind ungeeignet, um Predigten zu hören. Feine, mäßige Kirchen mit niedrigen Gewölben sind die besten für die Prediger und für die Hörer, denn der Zweck jener Kirchen ist nicht das Brüllen und Schreien der Chorsänger, sondern das Wort Gottes und seine Predigt.

Leipzig ist eine Pestregion. Es saugt alle Städte aus und ist ein richtiges Hurenhaus. Wer nicht mit im Handel ist, der kann Leipzig nicht genießen, besonders im Geldhandel. Denn wer 100 Gulden zusammensammeln kann, schickt sie nach Leipzig. Die bringen ihm das Jahr über Geld. Summa: Leipzig ist der Wurm im Lande.

Erfurt liegt an einer idealen Stelle. Dort muss eine Stadt stehen, selbst wenn sie abbrennen würde. Jetzt ist sie nicht mehr als ein Stall voll Säue. Wo schlechte Nahrung ist, da sind findige Leut', denn sie müssen suchen; wo fette Äcker sind, baut niemand Häuser, sondern mästet sich den Bauch.

Ach, Halle, du werte Stadt, der barmherzige Gott erhalte dich, dann du nicht ganz versinkst. Du hast ja Gottes Wort lieb, darum wird er dich auch erhalten.

Wir sitzen allhier in Wittenberg nur auf einem
Schindanger. Die Wittenberger leben am Ende der zivi-
lisierten Welt; wären sie nur ein wenig weitergegangen,
so wären sie mitten in die Barbarei gekommen.

Was Luther über das Ausland zu berichten weiß

Rom

In Rom, als ich auch so ein toller Heiliger war, lief ich
durch alle Kirchen und Krypten und glaubte alles,
was dort erlogen und erstunken ist. Ich hab auch wohl
eine Messe oder zehn in Rom gehalten, und es tat mir
damals richtig leid, dass mein Vater und meine Mutter
noch lebten. Denn ich hätte sie gerne aus dem Fegefeuer
erlöst mit meinen Messen und anderen trefflichen Werken und Gebeten mehr. Es gibt in Rom einen Spruch:
„Selig ist die Mutter, deren Sohn am Sonnabend in San
Giovanni eine Messe hält." Wie gerne hätte ich da meine
Mutter selig gemacht! Aber es war zuviel Andrang,
und ich konnte nicht drankommen und aß stattdessen
einen geräucherten Hering.

Italien

Italien ist ein sehr fruchtbares, gutes und lustiges Land;
besonders die Lombardei ist ein Tal, zwanzig deutsche
Meilen breit. Mitten hindurch fließt der Po, ein sehr
lustiges Gewässer, er ist so breit wie die Entfernung von
Wittenberg nach Pratau. Auf beiden Seiten sind die
Alpen und das Appennin-Gebirge.

Der Italiener als solcher

Die Kleidung der Italiener ist köstlich, sie halten sich
reinlich. Wenn wir eine Elle Samt für einen Gulden
tragen, so tragen sie eine Elle für sechs Gulden.

Italiener fürchten mehr den heiligen Antonius und
den Sebastian als den Herrn Christus, der freundlich
und gütig ist, und das um der Plagen willen. Darum,
wenn einer sein Haus davor schützen will, dass
die Italiener daranpinkeln, dann lässt er den heiligen
Antonius mit einem feurigen Spieß daranmalen.

Es ist allzeit mein Rat gewesen, dass junge Gesellen,
wenn sie ihren Katechismus zuvor gut gelernt haben

und in Gottes Wort recht unterrichtet sind, sich
Italien anschauen, die Tücke und Spitzbüberei der
Italiener erfahren, damit sie sich davor zu hüten
lernen.

Niederlande

Die Niederländer, besonders die Flamen, sind verschmitzte und listige Köpfe, lernen schnell und leicht
fremde Sprachen, denn sie haben eine behände und
flotte Zunge, und wenn man einen Flamen in einem
Sack durch Italien oder Frankreich führte, sagt man,
so lernte er bald die Sprache.

Ein Fisch ist in den Niederlanden gestrandet; daraus
hat man 300 Tonnen fett genommen, und er ist siebzig
Schritte lang gewesen. Es gibt kein verwegeneres Volk
auf Erden als Seefahrer.

Die Schweiz

Die Schweiz ist ein dürres und bergiges Land, darum
sind die Schweizer emsig und hurtig und müssen ihren
Unterhalt anderswo suchen.

Die Schweizer sind äußerst robuste Menschen. Aber weil sie in den Alpen wohnen, treiben sie keinen Ackerbau, sondern haben nur Wiesen. Es ist doch nicht mehr denn Berg und Tal. Deshalb melken dort in Friedenszeiten sogar die Männer und machen Käse.

Über England

Ich glaube, England sei ein Stück Deutschlands, denn sie gebrauchen die sächsische Sprache wie in Westfalen und den Niederlanden, wiewohl sie sehr korrumpiert ist. Ich glaube, die Deutschen sind vor Zeiten dorthin transferiert und gesetzt worden, so wie noch heutzutage sich der Bischof zu Köln Herzog zu Egern schreibt, wo jetzt Hamburg und Bremen liegen. Früher hieß das Gebiet Britannia, danach Angera, und zwar nach dem Volk, das hineingeführt wurde. Die dänische und die englische Sprache ist sächsisch, was eigentlich deutsch ist. Die oberländische Sprache ist nicht die richtige deutsche Sprache, sie nimmt den Mund voll und weit und klingt hart. Aber die sächsische Sprache geht schön leise und leicht von den Lippen.

Die Hebräer trinken aus der Bornquelle, die Griechen
aus den Wässerlein, die aus der Quelle fließen;
die Lateiner aber trinken aus Pfützen.

Martin Luther über Sex, die Frauen, die Liebe und die Ehe

Über die Begierden von Frauen und Männern

Die Begierde kommt ohne besonderen Anlass,
wie Flöhe und Läuse, Liebe aber ist dann da,
wenn wir anderen dienen wollen.

Von Mönchen und Nonnen

Ich möchte den Mönchen und Nonnen gern helfen.
So sehr jammern mich die armen Menschen,

die jungen Männer, die durch Samengüsse und sexuelles Verlangen gequält werden, und die jungen Mädchen.

Gott hat uns gegeben zu spielen mit Äpfeln und Birnen und Nüssen und mit unseren Weibern; aber mit sich und seiner Majestät lässt er nicht scherzen.

Von der Klugheit der Frauen

Es ist kein Rock, der einer Frau oder Jungfrau so übel ansteht, als wenn sie klug sein will.

Wenn ich noch einmal freien sollte, wollte ich mir ein gehorsam Weib aus einem Stein hauen; sonst hab ich an aller Frauen Gehorsam verzweifelt.

Lob der Frau

Das Weib hat das Lob der Geselligkeit und der Fruchtbarkeit. „Ihres Mannes Herz darf sich auf sie verlassen" (Sprüche 31,11). Das ist ein großes Lob der Frau.

Dieses Gutes berauben sie sich durch das Unheil, welches sie auch anrichten.

Die Vorzüge der Frauen

Am Weibe findet man viele Vorzüge zugleich: den Segen des Herrn, die Nachkommenschaft, die Vertrautheit mit den Dingen, was alles so große Gaben sind, dass sie einen wohl erdrücken könnten. Stellt euch vor, es gäbe das weibliche Geschlecht nicht. Das Haus, und was zum Haushalt gehört, würde zusammenstürzen, die Staaten und die Gemeinden gingen zu Grunde. Die Welt kann also ohne Frauen nicht bestehen, sogar wenn die Männer die Kinder selbst zur Welt bringen könnten.

Die den Zölibat befürworten, sollten auch das Scheißen verboten haben.

Unkraut wächst schnell, daher wachsen die Mädchen rascher als die Knaben.

Von der Gestalt der Frauen und Männer

Männer haben eine breite Brust und kleine Hüften, darum haben sie auch mehr Verstand denn die Weiber, welche enge Brüste haben und breite Hüften und Gesäß, da sie sollen daheim bleiben, im Hause sitzen, haushalten, Kinder tragen und erziehen.

Muttermilch und weibliche Brüste

Muttermilch ist der Kinder beste Nahrung, Trank und Speise, denn sie nähret wohl. Wie denn auch die jungen Kälber mehr zunehmen von der Milch, die sie saugen, als von allem anderen Futter; also werden auch die Kinderlein stärker, die lange gestillt werden. Brüste sind eines Weibes Schmuck, wenn sie ihre Proportionen haben; große fleischliche sind nicht am besten, stehen auch nicht sonderlich wohl, verheißen viel und geben wenig. Aber Brüste, die voller Adern und Nerven sind, auch wenn sie klein sind, stehen wohl auch an kleinen Weibern, haben viel Milch, damit sie viele Kinder stillen können.

Der Mutter Milch ist die beste und den Kindlein am gesündesten, denn sie sind solche schon vom Mutterleibe gewöhnt. Und wenn die Kinder grobe Ammen haben, so geraten auch die Kinder nach ihnen, wie dies die Erfahrung zeigt. Darum ist es unfreundlich und unnatürlich, dass eine Mutter nicht ihr Kind stillt, denn dazu hat Gott ihr die Brüste und die Milch darin gegeben um den Kindleins willen; es sei denn, dass sie nicht stillen kann, da bricht Not Eisen, wie man sagt.

Über die Ehe – ihre Freuden und ihre Sorgen

Ein Weib ist bald genommen, aber es stets lieb zu haben, das ist schwer und Gottes Gabe. Und wer das hat, der mag unserm Herrgott wohl dafür danken. Darum wenn einer ein Weib nehmen will, so lass er's sich einen Ernst sein und bitte unsern Herrgott: Lieber Herr Gott, ist es dein göttlicher Wille, dass ich so ohne Weib leben soll, so hilf du mir; wo nicht, so beschere mir ein gutes frommes Mägdlein, mit dem ich mein Leben zubringe, das ich lieb habe und die mich liebt. Denn die fleischliche Verbindung tut's nicht; es muss da sein, dass Sitten und Sinnesart übereinstimmen.

Schau dir die Mutter an

Wenn man heiraten will, soll man nicht nach dem Vater, sondern nach der Jungfrauen Mutter Geruch fragen. Warum? Weil das Bier im Allgemeinen nach dem Fass riecht.

Es ist ein natürlich Ding ...

Denn es ist kein freies Ermessen oder Entschluss, sondern ein nötiges, natürliches Ding, dass alles, was ein Mann ist, muss ein Weib haben, und alles, was ein Weib ist, muss einen Mann haben.

Ich habe viele Paare Ehevolks gesehen, die in so großer Brunst zusammengekommen sind, dass sie einander vor Liebe haben fressen wollen, aber nach einem halben Jahr, da liefen sie wieder voneinander.

Martin Luther über Sex, die Frauen, die Liebe und die Ehe

Vor der Partnerwahl beten!

Allen, die heiraten wollen, ist mein Rat, dass sie nicht scherzen, wenn sie Frauen nehmen wollen. Und suchet ja nicht, mit ihnen verbunden zu werden nach den Lüsten des Fleisches und nach der Brunst, sondern betet, betet!

Denn wenn eine Frau genommen und, darf man nicht zurückgeben, wenn es übel geraten ist. Und die Weiber, die man bekommt, sind Mitgiften, die man bekommt. Betet nur, es ist vonnöten. Wenn auch eine Frau etwas bitter sein sollte, muss man sie dennoch ertragen, denn sie gehört ins Haus.

Wozu die Weiber geschaffen sind

Weibern mangelt's an Stärke und Kräften des Leibes und am Verstande. Den Mangel an Leibeskräften soll man dulden, denn die Männer sollen sie ernähren. Den Mangel am Verstande sollen wir ihnen wünschen, doch ihre Sitten und Weise mit Vernunft tragen, sie regieren und ihnen etwas zu Gute halten; wie Petrus lehrt: Ihr Männer, wohnt bei euren Weibern mit Vernunft und gebt dem weiblichen als dem schwächsten Werkzeug seine Ehre als Miterben der Gnade des Lebens etc. (1. Petr 3,7).

Wem Gott ein Weib gibt, dem gibt er auch zu schaffen, gibt Samen und Kinder, auch das Gedeihen dazu. Aber wir fangen alles ohne das Gebet an. Wie sie es anheben, so geht's auch hinaus. Wer sein Weib, das ihm von Gott gegeben ist, und umgekehrt, ein Weib ihren Mann lieb haben kann, das ist eine große Gnade und Gabe Gottes.

Die Ehe darf nicht zerrissen werden

Es ist sehr gut, dass Gott nicht will, dass die Ehe zerrissen werde, denn sonst würde sie zu Grunde gehen und aufhören, die Sorge für die Kinder würde in Gefahr geraten, und der Hausstand würde fallen, und danach würde auch das Weltregiment und die Religion vernachlässigt werden. Es ist aber die Ehe die Grundlage des Hauswesens, der öffentlichen Ordnung, der Religion.

Heirat von jungen Leuten

Es ist jungen Leuten zu raten, nicht in der ersten Hitze zu heiraten. Denn wenn sie den Fürwitz gebüßt hätten, so könnte keine beständige Ehe bleiben. Deshalb wäre das etwas größere Alter zur Ehe besser geeignet, sonst kommt das Hündlein Reue, das viele Leute beißet; wie denn auch Stölzchen, das Hündlein, vielen Menschen schadet.

Nicht zu viel des Guten . . .

In der Ehe kann keine Unkeuschheit sein wegen seiner Einsetzung, seiner Aufgabe und seiner Würde, denn das alles ist gut. Aber Unmäßigkeit kann darin sein, dass einer das Seine zu viel braucht.

Von den Nöten der Ehe

Am Tage nach Neujahr schrie das Kind Martin Luthers so sehr, dass es sich von niemandem zur Ruhe bringen ließ. Da saß der Doktor eine ganze Stunde traurig mit seiner Frau. Dann sagte er:

Das sind die Nöte der Ehe, um derentwillen sich jeder vor der Ehe scheut. Wir fürchten uns alle vor dem Eigensinn der Frauen, vor dem Geschrei der Kinder, vor den Sorgen und vor schlechten Nachbarn. Deshalb wollen wir gern frei sein und nicht gebunden. Wir wollen freie Herren bleiben und gehen lieber zu einer Dirne. Außerdem haben die Väter auch nichts Bemerkenswertes über die Ehe geschrieben. Hieronymus ist ein rechter Mönchsoberer gewesen. Er hat genug gottloses Zeug über die Ehe geschrieben und hat in der Ehe nur die Gelüste gesehen. Aber in Wirklichkeit vergehen in der Ehe vor allem die Anfechtungen des Fleisches. Sie wollten den Tropfen Wollust meiden und gerieten dafür in den Ozean der Begierden ...

Von der heiligen Ehe

Der allmächtige, ewige, barmherzige, langmütige und fromme Gott liebt die Keuschheit, die Züchtigkeit und Sittsamkeit lobt er. Er hat die heilige Ehe eingesetzt und will sie auch erhalten, damit jeder sein Gefäß in Reinheit erhalte (1. Thess 4,4) und sich fernhalte von

ausschweifenden Begierden. Denn Unzucht, Hurerei,
Ehebruch, Unkeuschheit und den Lüstling bestraft er an
seinem Ruf und am Körper. Solche Leute schließt
er von seinem Wort aus, sie werden das Reich Gottes
nicht besitzen.

Aufgaben von Mann und Frau

Ein jeder soll in der Ehe sein Amt ausrichten. Der Mann
soll erwerben, das Weib aber soll ersparen. Darum
kann das Weib den Mann wohl reich machen und nicht
der Mann das Weib: Denn der ersparte Pfennig ist
besser als der erworbene. So ist sparsam sein das beste
Einkommen.

Der verborgene Wert der Ehe

Alle Werke Gottes sind der Welt verborgen, und Gott ist
wunderbar, weil er sie der Welt verbirgt. Niemand kann
genugsam ermessen, was für ein Geschenk und was für
eine große Anordnung Gottes die Ehe ist, durch welche
die ganze Nachkommenschaft der Welt vermehrt und

weltliches Regiment und Hausstand erhalten werden. Wo wären wir, wenn nicht die Ehe eingesetzt worden wäre? Aber die gottlose Welt bewegt weder die göttliche Anordnung noch die lieblichen Kinder, da sie allein auf die Mängel der Ehe schaut, aber den im Ehestand verborgenen Schatz nicht sieht. Und doch sind Könige und Fürsten alle auf dem Weg über den Mutterleib in die Welt gekommen, und auch Christus hat diese Herkunft seines Lebens nicht verschmäht.

Was Luther zur Obrigkeit, den Fürsten und der Politik zu sagen weiß

Das Amt des Regiments ist nicht eine Sache gewöhnlicher Leute oder Knechte, sondern dazu gehören Helden, denen man vertrauen darf und die auf das öffentliche Wohl sehen. Sie dürfen nicht ihren Vorteil suchen, sondern die Gerechtigkeit. Wie viele Juristen aber denken daran? Sie machen aus dem Amt der Obrigkeit nur ein Handwerk.

Die höchste Knechtschaft und die höchste Freiheit sind beide etwas sehr Schlechtes.

Das Ansehen in der Öffentlichkeit

Das Ansehen der Obrigkeit ist in der Welt sehr nötig; deshalb soll man für sie zu Gott beten. Sehr leicht kann sie nämlich verderblichen Einflüssen unterliegen. Denn Ehren verändern den Charakter, aber niemals zum Guten, und leicht werden Tyrannen daraus. Denn wer ohne Gesetz regiert, der ist eine Bestie; wer aber mit dem Gesetz regiert, der ist wie Gott, der das Gesetz geschaffen hat.

Große Irrtümer

Die im öffentlichen Leben stehen, das heißt, die zur Obrigkeit gehören, begehen täglich große Sünden und Irrtümer. Sie können's nicht immer richtig treffen und tun manchem Unrecht.

Fürsten und Bauern

Die Fürsten haben ein schweres und sehr hohes Amt; die Bauern schnarchen unterdessen in Sicherheit. Wenn ein Bauer die Gefahren und Mühen eines Fürsten kennte, würde er's Gott danken, dass er ein Bauer und im glücklichsten Stande ist. Aber die Bauern sehen ihr Glück nicht; sie sehen nur die äußere Pracht der Fürsten, die Kleider, die Paläste, ihre Macht. Nicht aber sehen sie, dass Fürsten wie in einem Feuer und der Sintflut leben. Sie aber liegen hinter dem Ofen in Frieden. Deshalb meinte Kurfürst Friedrich der Weise zum Praeceptor von Lichtenberg, dass das Leben der Bauern und ihre öffentliche Stellung sehr vom Glücke begünstigt sei. Stufenweise ging er das Schicksal aller Stände durch: Der Kaiser sei in höchster Gefahr, Angst und Sorgen. Die Fürsten seien anderer Mühsal ausgesetzt; auch seine Herren vom Adel haben mancherlei Kummer. Wenn es auch die Bürger besser hätten, müssten sie doch ihren Lebensunterhalt und ihre Bekleidung sauer verdienen. Mit viel Mühe und Arbeit kaufen sie etwas, mit Verlust verkaufen sie es wieder. Sie müssten viele Gefahren wegen der Nahrung des Leibes auf sich nehmen. Den Bauern dahingegen allein wachse alles ohne ihr Zutun. Sie können alles verkaufen; sie haben keine Sorgen. Nur ihre Zinsen und den Zehnten geben sie, denn das Land gehört dem Fürsten. Die Arbeit der Bauern ist überaus fröhlich und voller Hoffnung. Pflügen, Pflanzen, Säen, Ernten, Dreschen, Holzfällen, das alles hat große Hoffnung. Aber sie können ihr Glück nicht anerkennen. Denn niemand ist mit seinem Los zufrieden. Knechte und Mägde haben es immer besser als ihre Herren und Herrinnen, weil sie die Sorgen nicht haben, die den Familienvater drücken. Sie brauchen nur ihre Arbeit verrichten. Mein Wolf, Grete und Lene, meine Diener und Gehilfen haben es viel besser als ich und meine Käthe. Die Ehe bringt nämlich allerhand Beschwerlichkeiten mit sich. In summa: Je höher der Stand, um so größer die Gefahr. Niemand ist mit seinem Los zufrieden. Das träge Rind möchte gern einen Sattel auferlegt bekommen, das Pferd möchte pflügen.

Fürsten und Herren sind arme Leute. Darum hat unser Herrgott nicht umsonst befohlen, die Obrigkeit zu ehren und für sie zu beten.

Wenn in einem Fürsten ein guter Hausvater, Staatsmann und Held zusammenkommt, ist das ein wahrhaft großes Geschenk Gottes.

Regieren ist durch die Finger sehen. Wer nicht durch die Finger sehen kann, der weiß nicht zu regieren.

Der Hochmut eines Fürsten ist schädlicher als Saumseligkeit.

Fürsten und die Frömmigkeit

Fürsten, alle Regenten und Obrigkeit, wenn sie gleich fromm und gottesfürchtig sind, können in ihrem Am und weltlichen Regiment ohne Sünde nicht sein; sie tun bisweilen manchem Unrecht, wenn sie sich gleich aufs allerfleißigste davor hüten. Denn sie können's nicht allezeit so schnurgleich treffen und fadengerecht machen, wie etliche Klüglinge meinen; darum bedürfen sie am allermeisten der Vergebung der Sünden.

Von bösen Tyrannen

Eine böse Obrigkeit, die tyrannisch handelt, die ist wie eine Dornenhecke um einen Garten: Denn wo man durch diese Hecke oder Zaun in den Garten steigen will,

so sticht und kratzt man sich. Nicht dass die Dornenhecke steuern und wehren wollte, dass man nicht
die Äpfel und Birnen aus dem Garten stehlen sollte,
sondern weil es des Dornbuschs Art und Eigenschaft
ist, dass, wer ihn angreift, der muss sich an ihm stechen
und verletzen. So sticht, verwundet, plagt und drückt
eine böse Obrigkeit auch ihre Untertanen, nicht, dass
sie Gottes Ehre suchte und die Kirche Gottes liebte oder
Disziplin und Zucht erhalten und dem Bösen steuern
wollte; sondern weil dieses aller Tyrannen Eigenschaft
und Natur ist, dass sie sich befleißigen, den Leuten Leid
zu tun und Schaden zuzufügen.

Über junge Regenten

Junge Regenten meinen, sie könnten einen Felsbrock
anheben wie einen Kieselstein.

Die Fürsten und Herren werden wieder einen Orden
stiften: den Orden der Unkenntnis. In ihm werden die
Brüder Kappen aus Samt und Seide tragen.

Kegelschieben ist ein sehr eindrückliches Abbild für die Obrigkeit. Da nimmt keiner sich für einen Wurf drei Kegel vor, so sicher fühlt man sich seiner Sache und fehlt dennoch so, dass man gar keinen trifft. Besonders wenn es junge Regenten sind: Die treffen mit jedem Wurf zwölf Kegel, dabei stehen ihrer nur neun auf dem Platz.

Martin Luther zu Haus und Hof und diesem und jenem

Es muss einer im Haushalt nicht alles und jedes haben.

Schutz des Hauses

Das Seine in Acht zu nehmen oder den Lebensunterhalt zu schützen hat Christus nicht verboten. Sonst würde es niemandem erlaubt sein, ein Lamm gegen den Wolf zu verteidigen. Aber ich will, dass man dem Nächsten Liebe erweise, und will nicht, dass die Christen Herzen haben, welche auf Rache sinnen.

Kartenspiel und Würfelspiel sind weitverbreitet. Denn diese Zeit hat viele Spiele erfunden. Sie hat es wahrlich gut ausgeglichen! Als ich ein Junge war, wurden alle Spiele verboten. Kartenmacher und Musikanten ließ man nicht zum Sakrament gehen, und sie mussten über ihr Spiel, den Tanz und ihre Schaustellerei Beichte ablegen. Jetzt geht das in hohem Schwange. Derartige Dinge werden als Übung für den Geist verteidigt.

Über Wein und Bier

Für die Toten Wein, für die Lebenden Wasser: das ist eine Vorschrift für Fische.

Der Wein ist gesegnet und hat ein Zeugnis in der Schrift, das Bier aber gehört zur menschlichen Überlieferung. Wer das Bierbrauen erfunden hat, der ist ein Unheil für Deutschland gewesen. Den Acker bebauen ist ein göttliches Werk gemäß 1. Mose 1,28: „Bebauet die Erde und macht sie euch untertan"; ob sie schon Disteln oder Dornen trägt, so kehrt euch nicht daran, es soll euer Teil dennoch wachsen.

Vom Saufen

Angesichts junger Leute, die in Luthers Haus kamen, sagte Martin Luther: Sauft, dass euch das Unglück ankomme! Die werden nicht alt werden. Denn das Beste vom Menschen vergeht mit der Trunkenheit. Neulich war ich am Hof und habe eine scharfe Predigt gegen das Saufen gehalten. Aber es hilft nicht. Wenn ich wieder zum Fürsten komme, will ich nicht mehr tun als bitten, dass er überall allen Untertanen gebieten wolle, sich vollzusaufen. Wenn es ein solches Gesetz gäbe, würden sie es vielleicht unterlassen, denn: Was verboten ist, dagegen handelt man gerne.

Vor einem Baum, von dem man Schatten hat,
soll man sich verneigen.

Von der Wohltat

Es ist natürlich, dass der, welcher von anderen Wohltaten verlangt, selbst auch wohltätig gegen andere sein muss.

Geduld

Die beste Tugend ist die Geduld, die in der Schrift
vom Heiligen Geist sehr empfohlen wird und in der
Erfahrung des Kreuzes erprobt wird. Obwohl auch die
Philosophen sie sehr rühmen, kennen sie doch weder
deren wesentliche Grundlage noch können sie sich
im Willen und der Hilfe Gottes vorstellen. Epiktet hat
sehr schön gesagt: Leide und meide!

Willst du die größten, greulichsten und schädlichsten
Feinde überwinden lernen, die einen sonst wohl ver-
schlingen und an Leib und Seele schaden können,
dawider einer sich wohl allerlei Waffen kaufen und
alles Geld dafür geben sollte, diese Kunst zu lernen?
Es ist ein süßes, liebliches Kräutlein, das heißt
Geduld.

Wollen, sollen und tun

Wenn wir täten, was wir sollten, und nicht machten,
was wir wollten, dann hätten wir auch, was wir haben
sollten. Nun tun wir, was wir wollen, und nicht, was

wir sollten, darum müssen wir auch aushalten, was wir nicht wollen.

Vom Beruf und Müßiggang

Die höchste Anfechtung in der Welt ist es, dass niemand getreu seinem Beruf nachgeht, sondern alle möchten gerne ein müßiges Leben führen. Ich selbst bin schon ganz erschöpft und werde voller Sorgen von vielen Aufgaben geplagt. Andre gehen müßig und wollen nichts tun. Ich bin der Meinung, wenn wir's nicht gezwungen tun müssten, so täten wir's auch nicht.

Je mehr wir haben, umso mehr wollen wir

Das ist der Teufel mit uns, dass niemand genug hat! Wie es Gott mit einem schickt, so gefällt es ihm nicht. Das Los der anderen gefällt uns immer besser: Die ergiebige Saat steht immer auf fremdem Feld; und der Nachbar hat immer das fruchtbare Vieh. So ist es auch auf unserem Gebiet: Niemand ist mit seinem Beruf zufrieden: Das träge Rind möchte gerne einen Sattel tragen, und das Reitpferd möchte vor den Pflug gespannt werden. Je mehr wir haben, um so mehr wollen wir haben.

Wir sind nie zufrieden

Die Gegenwart, so gut und schön sie auch sein mag – verschmähen wir immer, wir streben nach dem, was wir nicht haben. Sobald wir das erreicht haben, wird es sogleich wertlos. So möchte, wer ein Fürst ist, gern König sein, der König Kaiser. Wer ein Mädchen liebt, dem steht der Sinn alleine danach, es zu besitzen, in seinen Augen scheint es nichts Schöneres zu geben, er würde sich glücklich schätzen, wenn er sie für sich haben könnte. Hat er sie aber, so fängt er schon nach drei oder vier Tagen an, ihrer überdrüssig zu werden. Er meint, er könne eine noch viel schönere haben. So denkt auch der Arme: Wenn ich hundert Goldstücke hätte, wäre ich der Reichste. Hat er sie aber, will er immer mehr haben.

Notwehr

Wenn mich einer in meinem Haus überfiele, bin ich als
der Hausbesitzer dazu verpflichtet, mich zu wehren.
Noch viel mehr bin ich dazu verpflichet, wenn sie mich
unterwegs überfallen; denn weder die Diebe noch die
Straßenräuber belagern die Wege um des Evangeliums
Willen und tun uns Gewalt an oder weil sie einem
Prediger nachstellen, sondern sie tun das dem Angehö-
rigen des Fürsten, nicht dem Glied Christi. Darum will
ich helfen, das Land rein zu erhalten, so sehr ich kann.
Soll ich doch in der Not den nächsten Besten retten,
wie viel mehr bin ich dazu verpflichtet, einem Fürsten
sein Land retten zu helfen.

Vom verhärteten Herzen

Ein verhärtetes Herz lässt sich durch Versprechungen
nicht rühren, wird durch Wohltaten nicht bewegt,
durch Drohungen nicht erschreckt und durch Heim-
suchungen nicht gebessert.

Vom erbärmlichen Zustand
des menschlichen Lebens

Ah, was sind wir doch für arme Leute, wir verdienen
unser Brot mit Sünden. Denn wenn wir kommen bis ins
siebte Jahr, so tun wir mittlerweile nichts, denn dass
wir essen, trinken, spielen und schlafen; vom achten
Jahr an gehen wir in die Schule, des Tags drei oder vier
Stunden. Danach von dieser Zeit an bis in das 21. Jahr
treiben wir allerlei Mutwillen mit Spielen, Laufen, zur
Zech gehen und sonst, und fangen dann an zu arbeiten.
Wenn wir dann 50 Jahre alt geworden, so haben wir
ausgearbeitet und werden dann wieder zu Kindern,
essen dann abends unser Brot mit Sünden, arbeiten
also, dass wir anderen Leuten Arbeit geben. Wenn wir
zwanzig Jahre alt werden, so fangen wir erst an zu
arbeiten, und arbeiten an die zehn Jahre, danach
schlafen wir die andere Zeit. Die Hälfte unseres Lebens
schlafen wir, sodass kaum fünf Jahre Zeit zur Arbeit
bleiben, ja, kaum drei Jahre. Fast ein Zehntel unseres
Lebens arbeiten wir, neun Teile unseres Lebens gehen
wir müßig. Pfui uns an, wir geben Gott die Jahre nicht!
Ah, was wollen wir doch mit unsern guten Werken

Gott den Himmel abverdienen oder stolzieren auf unsern guten Werken! Hiob sagt: Will man mit Gott hadern, so kann man ihm nichts entgegnen.

Was habe ich heute schon getan? Zwei Stunden habe ich gekackt, drei Stunden gegessen und darnach vier Stunden müßig gegangen. Ah, Herr, gehe nicht mit deinem Knecht ins Gericht!

Sorge um kleine und große Dinge

Die kleinen und unbedeutenden Dinge bewegen mich sehr, die großen aber berühren mich gar nicht. Ich denke nämlich so: Das ist dir zu hoch, du kannst es nicht halten, also lass es gehen. Genau das Gegenteil macht Melanchthon: Ihn kümmert nicht dasselbe wie mich, aber er sorgt sich um die wichtigen Angelegenheiten des Staates und der Religion. Mich bedrücken nur die Dinge, die den einzelnen Menschen betreffen. So verschieden sind die Gaben.

Wenn du nicht herrschst

Wo du nicht Herr bist, so lass einen jeglichen gehen, tun, machen, wie er will. Gehe du desto weniger damit um, sonst bringst du nichts davon als Ungunst, vergebene Mühe und Sorge.

Vom Unterschied der Gaben

Der Pfau klagt, dass er nicht der Nachtigall Stimme hätte. Darum hat Gott mit der Ungleichheit die größte Gleichheit gemacht. Denn wir sehen, wenn einer etwas Vortreffliches ist, hat er mehr und größere Gaben als ein anderer, so wird er hoffärtig und stolz, will über die andern alle herrschen und sie verachten und regieren. Er meint, sein Dreck stinke alleine. Darum hat Gott sehr fein und wohl die menschliche Gesellschaft untereinander an den Gliedern des menschlichen Leibes abgemalt und dargestellt, da viele und ungleiche Glieder sind, und eines muss dem andern die Hand reichen und helfen, keins kann des andern entbehren.

Martin Luther weiß: Fröhlichkeit und Trauer liegen eng beieinander

Vom fröhlichen Herzen

Das beste Geschenk und Wesen ist ein heiteres und fröhliches Herz. Im Gesetz des Moses werden nämlich die Traurigen nicht zum Altar und Opfer zugelassen (3. Mose 10,6; 21,10). Ein Christ muss ein fröhlicher Mensch sein. Wenn er es nicht ist, dann ist er vom Teufel versucht.

Die Traurigkeit ist angeboren

Wir haben mehr Ursache, uns zu freuen, als traurig zu sein. Aber die Traurigkeit ist uns angeboren. Der Gott der Traurigkeit, der Satan, tötet, aber unser Herrgott erhält uns.

Gott hasst die Traurigkeit

Gott will, dass wir fröhlich seien, und hasst die Traurigkeit. Wenn er nämlich gewollt hätte, dass wir traurig seien, hätte er uns nicht die Sonne, den Mond und die anderen Schätze der Erde geschenkt. Dies alles gibt er uns zur Freude. Sonst hätte er Finsternis geschaffen und nicht zugelassen, dass die Sonne immer wieder aufgeht oder dass der Sommer immer wiederkommt.

Singen und fröhlich sein

Das reime mir einer zusammen, fröhlich sein und fürchten! Mein Hans kann es tun mir gegenüber, aber ich kann es nicht tun gegen Gott. Wenn ich etwas schreibe oder sonst was tue, dann singt mit mein Hans ein Liedchen daher; und wenn er's zu laut machen will, so fahre ich ihn ein wenig an. Dann singt er gleichwohl fort, macht's aber verborgener, mit einer gewissen Ehrerbietung und mit Scheu. Dasselbe will Gott: Wir sollen fröhlich sein, aber mit Ehrerbietung gegen ihn.

Vom Trost

Weil denn Gott will, dass einer den anderen trösten und ein jeglicher dem Trost glauben soll, so lasst Eure Gedanken fahren und wisst, dass Euch der Teufel damit plagt, der nicht leiden kann, dass wir einen fröhlichen Gedanken haben.

Martin Luther weiß: Fröhlichkeit und Trauer liegen eng beieinander

Martin Luther und die menschlichen Schwächen

Eine Lüge ist wie ein Schneeball; je länger man ihn wälzt, je größer wird er.

Von Lastern

Nichts ist so verderblich wie ein gleisnerischer Ratgeber. Wenn man es hört, so hat es Hand und Fuß; soll es aber losgehen, so steht es wie ein störrischer Gaul, den man nicht von der Stelle bringen kann.

Der Neid und die Hoffart sind zwei Laster, die schmücken sich, wie sich der Teufel in die Gottheit kleidet. Der Neid will Gerechtigkeit sein, die Hoffart Wahrheit.

Von Heuchlern

Es gibt keine schlimmere Missgunst in der ganzen Welt als die Heuchler. In einem Wegelagerer und in einer Hure ist mehr Barmherzigkeit als in einem Heuchler.

Der Heuchler Hoffart

Die Hoffart der Heuchler ist am anmaßendsten, wenn sie sich demütigen. Das sehen wir am Pharisäer, und doch beschmierte er alle seine Demut mit Dreck, als er sagt: „Ich bin nicht wie" usw. (Luk. 18,11).

Vom Strauß sagt man, wenn er das Haupt nur unter Laub oder einem Blatt verborgen hat, so meine er, er sei ganz bedeckt und so verborgen, dass er von niemand gesehen werden könnte. So ergreifen die Heuchler irgendein gutes Werk und meinen, sie hätten den ganzen Schmutz ihrer

Sünden damit bedeckt und verborgen, und sie seien aufs
Schönste geschmückt und gerecht vor Gott.

Wahre Gerechtigkeit empfindet Mitleid;
falsche Gerechtigkeit Entrüstung.

Ich habe drei böse Hunde: Undankbarkeit, Hochmut
und Neid. Wen die drei Hunde beißen, der ist sehr übel
gebissen.

Abstreiten

Ich hasse am meisten die, welche sich vergehen und
es dann nicht zugeben. So aber ist die Welt: etwas tun
und dann abstreiten. Weder Gott noch die Welt kann
so etwas leiden.

Nachbedenken und Vorbedenken

Alle Menschen sind von Natur mehr Nachbedenker
als Vorbedenker, weil sie alle klug sind, nachdem etwas
geschehen ist. Wir alle müssen Lehrgeld geben und
aus Schaden klug werden.

Undankbarkeit

Die Undankbarkeit gegen das Wort ist immer der größte Greuel gewesen, und es ist nicht zu verwundern, dass auch gottselige Menschen diese Undankbarkeit das größte Ärgernis verursacht und dass Gott dieselben Gedanken hat wie die Gottseligen.

Über die Lüge

Die Welt will betrügen oder betrogen werden, darum hat die Welt mit der Wahrheit nichts zu schaffen.

Der Mensch ist ein Lügner, aktiv und passiv, das heißt, er begeht und erleidet die Lüge. Denn wer sich auf Menschenkinder verlässt, wird betrogen.

Die Schlange ist das Abbild der Lüge. Denn sie windet sich immer, ob sie läuft oder ob sie liegt, nur wenn sie tot ist, ist sie gerade.

Ein Lügner muss ein gutes Gedächtnis haben, weil jeder aus seinen Worten gerechtfertigt oder verdammt wird.

Einem ein Ding verleiden

Wenn man einem ein Ding verleiden will, so sage man
nur, es sei ganz gewöhnlich und allgemein bekannt,
dann wird's verachtet.

Die Gaben Gottes erkennen wir nicht an

Wenn uns Gott ein Jahr lang entzöge, was wir zum Leben
brauchen, oh, was würde es dann für ein Schreien in
der Welt geben! Nun aber, wo er uns damit überschüttet,
so sind wir alle undankbar, und keiner ist, der danket.

Vermessenheit

Nichts ist schädlicher, als wenn man sich vermisst
und sich träumen lässt, man glaube und verstehe das
Evangelium wohl.

Die Anmaßung der Unsterblichkeit

Da alle Menschen innewerden, dass sie sterblich und
hinfällig sind, dürste dennoch jeder nach Unsterblich-

keit hier auf Erden. Früher suchten die Könige durch
den Bau von Pyramiden unsterblich zu werden wie jetzt
durch große Dome und Kirchengebäude. Die Soldaten
jagen dem Siege nach, und die Schriftsteller suchen
durch Herausgabe ihrer Bände einen ewigen Namen,
wie wir es jetzt auch vor Augen sehen. Aber dabei wird
der Ruhm und die Ewigkeit Gottes nicht angesehen.
Ach, wir sind elende Leute.

Die größten Ärgernisse

Ärgernisse in der Kirche sind größer als bei den Heiden.
Denn wenn die Christen aus der Art schlagen, sind sie
viel gottloser als die Heiden. Darum klagt der Prophet
Jeremia im 4. Kapitel seiner Klagelieder, Vers 6, dass
die Bosheit der Töchter seines Volkes größer geworden
sei als derer zu Sodom. Ein Ezechiel spricht 16,52: „Ihr
macht Sodom mit euren Sünden gerecht". Und Christus
sagt Luk 10,12: „Es wird Sodom erträglicher gehen an
jenem Tage als solcher Stadt." Es muss so sein: Er kam
in sein Eigentum, und die Seinen nahmen ihn nicht auf.
Deshalb sind die Ärgernisse in der Kirche Gottes immer

verderblicher als unter anderen Menschen. Sie machen die Frommen ganz unglücklich, sodass sie lieber tot sein wollen. Darum soll man Gott fleißig bitten wider Ärgernisse: Geheiligt werde dein Name!

Wie man den bösen Lüsten widerstehen soll

Doktor Martinus Luther sagte einmal, dass in den Lebensbeschreibungen der Väter diese Historie stünde, dass ein junger Einsiedler viel böser Lüste und Begierden gehabt und nicht gewusst hätte, wie er sie loswerden sollte. Darum habe er einen Altvater um Rat gefragt, wie er doch tun sollte. Da hat dieser gesagt: Du kannst nicht wehren, dass die Vögel hin und wieder in der Luft fliegen, aber dass sie dir in den Haaren nisten, das kannst du wohl verwehren. So wird keiner sein, dem nicht böse Gedanken einfallen, aber man soll sie wieder ausfallen lassen, auf dass sie nicht tief in uns einwurzeln.

Was Luther über die Prediger und die Predigten zu sagen weiß

Unser Herrgott bestellt sein hohes Amt wunderlich! Er befiehlt es den Predigern, armen Sündern, die es sagen und lehren und doch schwächlich danach tun. Also geht Gottes Gewalt und Macht allzeit in der größten Schwachheit fort.

Der Hass der Laien gegen die Prediger

Der Hass der Prediger und der Laien gegeneinander ist nicht ohne Grund. Denn das zügellose Volk will sich nicht zurechtweisen lassen, aber Aufgabe der Prediger ist es, jene zu rügen. Das ist sehr beschwerlich und gefährlich. Deshalb hat man umgekehrt ein scharfes Auge auf die Prediger. Sie müssen an ihnen etwas tadeln und einen Flecken entdecken. Und sollten sie es gleichwohl an ihren Weibern und Kindern entdecken, so wollten sie sich gerne dafür rächen. Wenn ihnen die Fürsten nicht zu mächtig wären, so würden sie sie mit gleichem Hass verfolgen. Lasst uns nur bei dem reinen Wort bleiben, dass wir auf dem Stuhle Moses sitzen. Mag ruhig das Leben nicht so glatt und vollkommen sein, so erbarmt sich doch Gott unser. Der Hass der Laien gegen uns wird doch bleiben nach dem alten Spruch:

Wenn's Meer vertrocknet und Satan
Wird in den Himmel genommen an,
Alsdann wird der Laie und die Welt
Den Dienern Gotts zu Freunden gestellt.

Sanftheit und Zorn

Ein Bienlein ist ein kleines Tierlein, macht süßen Honig, dennoch hat's einen Stachel. Also hat ein Prediger die allerliebsten Trostsprüche; dennoch wenn er aus billigen Ursachen zum Zorn gereizt und getrieben wird, so beißt und sticht er auch die Schuldigen

Eigenschaften eines guten Predigers

Ein guter Prediger soll diese Eigenschaften und Tugenden haben: Zum Ersten, dass er einen fein richtig und ordentlich lehren könne. Zum Zweiten soll er einen feinen Kopf haben. Zum Dritten wohl beredt sein. Zum Vierten soll er eine gute Stimme haben. Zum Fünften ein gut Gedächtnis. Zum Sechsten soll er wissen aufzuhören. Zum Siebten soll er seines Dinges gewiss und fleißig sein. Zum Achten soll er Leib und Leben, Gut und Ehre dran setzen. Zum Neunten soll er sich von jedermann lassen vexieren und verspotten.

Ein Prediger ist wie ein Zimmermann

Ein Prediger ist wie ein Zimmermann, sein Werkzeug ist Gottes Wort. Weil die Zuhörer, an denen er zu arbeiten hat, unterschiedlich sind, darum soll er nicht fortwährend in derselben Tonart lehren, sondern, entsprechend den Unterschieden unter den Zuhörern, bisweilen trösten, schrecken, schelten, versöhnen usw.

Die Einhelligkeit der Prediger

Ich weiß keine größere Gabe, die wir haben, sprach D. Martinus, denn Einhelligkeit der Lehrer, dass man hin und her in den Fürstentümern und in den Reichsstädten mit uns gleichförmig lehrt. Wenn ich gleich die Gabe hätte, dass ich Tote auferwecken könnte, was wäre es, wenn die anderen Prediger alle wider mich lehrten? Ich wollte für diese Übereinstimmung nicht das türkische Kaiserreich nehmen.

Was zu einem guten Prediger gehört

Sechs Stücke gehören zu einem Prediger, wie ihn die Welt jetzt haben will:

1. dass er gelehrt sei;
2. dass er eine feine Aussprache habe;
3. dass er beredt sei;

4. dass er eine schöne Person sei, den die Mägdelein und
   Fräulein lieb können haben;
5. dass er kein Geld nehme, sondern Geld zugebe;
6. dass er rede, was man gerne hört.

Die Predigt des Gesetzes

Die Predigt des Gesetzes muss man um der Bösen
willen halten. Aber meistens fällt sie auf die Guten, die
nehmen sich ihrer an, und oft zu sehr.
Es ist so, als wenn es ins Meer und die dichten Wälder
regnete, nicht aber auf die fruchtbaren Äcker.

Von der Rede

Eines guten Redners Amt oder Merkzeichen ist, dass
er aufhört, wenn man ihn am liebsten hört, das heißt,
dass er aufhört, wenn man meint, der Höhepunkt werde
jetzt erst kommen. Wenn man aber mit Überdruss hört
und das Ende der Rede erwartet, das ist ein schlechtes
Zeichen. So ist es auch mit einem Prediger. Wenn
man sagt: Ich hätte noch wohl länger zuhören mögen,

so ist's gut; wenn man aber sagt: Er war ins Schwätzen gekommen und konnte nicht mehr aufhören, so ist's ein schlechtes Zeichen.

Vielredner

Ich hasse die Vielredner. Denn meistens, wenn sie sehr Großes zu sagen scheinen, reden sie Lügen. Die Wahrheit aber, so wie sie wenigen eigen ist, macht auch nicht viele Worte.

Wie du leben sollst

Es ist auf Erden kein besser List, denn wer seiner Zungen ein Meister ist. Viel wissen und wenig sagen, nicht antworten auf alle Fragen. Rede wenig und mach's wahr, was du borgst, bezahle bar. Lass einen jeden, wie er ist, so bleibst du auch wohl, wer du bist.

Martin Luther über das liebe Geld und den Reichtum

Gegen den Geiz

Gebt, so wird euch gegeben (Luk 6,38). Das ist ein
unangreifbarer Spruch, der die Welt reich und arm
macht. Die, welche nichts geben und meinen, dadurch
ihren Kindern mehr zu hinterlassen, die werden
nichts übrig behalten. Diese Krankheit wird alles
verderben, wie es vielen Reichen geschieht und bald
geschehen wird.

Das Sprichwort bleibt wahr: Unrecht Gut gedeihet nicht, kommt an den dritten Erben nicht.

Vom Verleihen

Wer Geld verleiht, muss darauf gefasst sein, nichts zurückzubekommen. Darum muss ein Christ diese drei Eigenschaften haben: Er muss geben, leihen und leiden. Aber derer ist keiner mehr in der Welt.

Leihst du, so kriegst du es nicht wieder. Kriegst du es wieder, so doch nicht so schnell. Wenn auch schnell, so doch nicht so gut. Wenn nicht so gut, verlierst du einen Freund.

Zwischen reich und arm

Das menschliche Herz kann weder Gutes noch Böses ertragen. Haben wir Geld und Gut, so ist keine Ruhe vorhanden; ist Armut da, so ist kein Friede. In der Mitte liegt das Rechte, das ist, mit seinem Schicksal zufrieden sein.

Wohltat Gottes

Es ist eine große Wohltat Gottes, dass er nicht alles gibt, was wir begehren. So gäbe er uns nämlich Ursache, betrübt zu sein.

Vom Gelde

Das Geld ist eine unfruchtbare Sache. Ebenso sollten wir nicht den Fleiß, den Gewinn und Erwerb verkaufen; denn er ist ungewiss. Das Volk aber soll dazu angehalten werden, mit seinen Händen zu arbeiten, und die Reichen sollen ermahnt werden, Werke der Barmherzigkeit zu tun. Weltliche Abmachungen verwerfen wir nicht, wenn sie durch gerechte Verträge zustande gekommen sind – ohne Habsucht und Betrug. Aber zu unsrem Schmerz sehen wir, dass die Welt unverbesserlich ist, sie ist hochmütig und rühmt sich ihrer Schlechtigkeit. Eine solche Schlange ist Leipzig, das ganz in Habgier untergegangen ist. In summa: Die Welt ist des Teufels und besteht aus Teufeln. Lasst uns beten!

Das gegenwärtige Geld lässt den gegenwärtigen Gott verachten.

Geld ist das Wort des Satans, durch das er alles in der Welt schafft, wie Gott alles durch das wahre Wort schafft.

Von den Geizhälsen

Jeder sieht darauf, möglichst viel Geld zusammenzubringen. Getreide und Nahrungsmittel halten diese Geizhälse nicht für so wichtig wie das Geld, das sie aber doch nicht verzehren können. Dennoch ist der Welt alles um das Geld zu tun, als hinge Seele und Leib daran. Man verachtet Gott und den Nächsten und dient dem Mammon. Ich bitte euch, seht unsere Zeit an!

Zu viel Geld macht Sorgen

Große Schätze bringen große Not. Ich bin reich, wenn ich auch nicht viel habe, weil ich das Meine genieße. Ich mache mir keine Sorgen, wie ich meinen Reichtum

vor anderen verheimliche. Die Sorge darum, wie man
sein Geld erhält, ist die schrecklichste Knechtschaft.

Genügsam sein

Was mir unser Herrgott gibt, das nehme ich gerne;
was er nicht gibt, das kann ich gut entbehren.
Das ist mein Wahlspruch, dass ich mir genügen lassen
kann. So halte ich Haus.

Wer Reichtum über Gott stellt

Ein Mensch, der sich der Welt Reichtum und Ehre er-
geben hat und indessen seiner Seele und Gottes vergisst,
der ist gleich einem kleinen Kindlein, das einen Apfel
in der Hand hält, der schön ist von Gestalt und äußerlicher Farbe, und meint, es habe etwas Gutes; inwendig
aber ist er faul und voller Würmer.

Reichtum ist die geringste Gabe

Reichtum ist das allergeringste Ding auf Erden, die kleinste Gabe, die Gott einem Menschen geben kann. Was ist's im Vergleich zu Gottes Wort? Ja, was ist's noch im Vergleich zu leiblichen Gaben und Schönheit und im Vergleich zu den Gaben des Gemüts? Dennoch strebt man so emsig danach! In keiner Hinsicht ist am Reichtum etwas Gutes. Darum gibt unser Herrgott für gewöhnlich Reichtum den groben Eseln, denen er sonst nichts gönnt.

Besitz und Sünden

Wo viel Besitz ist, da sind auch allerlei Sünden; denn Gut macht Mut, Mut macht Armut, Armut macht Demut. Darum werden die Reichen auch große Rechenschaft geben müssen; denn wem viel befohlen ist, der muss viel abrechnen. Reichtum, Verstand, Schönheit sind feine Gaben Gottes, aber wir missbrauchen sie übel. Doch ist großer Verstand auch ein böses Ding, wenn er übel gerät.

Jeder Götzendiener ist geizig; je frömmer er sich gibt, umso geiziger ist er.

Wo reiche Leute sind, ist alles teuer

Geld kann den Hunger nicht stillen, sondern ist im Gegenteil der Grund für Hunger. Denn wo reiche Leute sind, da ist alles teuer. Außerdem macht das Geld niemanden fröhlich. Es macht einen mehr betrübt und voller Sorgen. Das sind nämlich die Dornen, welche die Menschen stechen, wie Christus den Reichtum nennt (Mat 13,22). Dennoch ist die Welt so töricht und will all ihre Freude im Geld suchen.

Martin Luther über die Sprache und die Sprachen

Ich kann weder Griechisch noch Hebräisch, ich will aber dennoch einem Hebräer und Griechen geziemend begegnen. Aber die Sprachen machen für sich selbst keinen Theologen, sondern sind nur eine Hilfe. Denn, soll einer von einem Dinge reden, so muss er die Sache zuvor wissen und verstehen. Ich habe keine gewisse, sonderliche eigene Sprache im Deutschen, sondern gebrauche die gemeine deutsche Sprache, sodass mich beide, Ober- und Niederländer, verstehen mögen. Ich rede nach der sächsischen Kanzleisprache, welcher nachfolgen alle Fürsten und Könige in Deutschland; alle Reichsstädte, Fürstenhöfe schreiben nach der sächsischen und unseres Fürsten Kanzlei, darum ist's auch die gemeinste deutsche Sprache. Kaiser Maximilian und Kurfürst Friedrich, Herzog zu Sachsen etc. haben im Römischen Reich die deutschen Sprachen also in eine gewisse Sprache gezogen. Die märkische Sprache ist leicht; man merkt kaum, dass ein Märker die Lippen regt, wenn er redet; sie übertrifft die sächsische.

Von der Sprache und dem Evangelium

Und lass uns gesagt sein, dass wir das Evangelium nicht sicher erhalten werden ohne die Sprachen. Die Sprachen sind die Scheiden, in denen das Messer des Geistes steckt. Sie sind der Schrein, in dem man dieses Kleinod trägt. Sie sind das Gefäß, in das man diesen Trank fasst. Sie sind die Kammer, in der diese Speise liegt. Und wie das Evangelium selbst zeigt, sie sind die Körbe, in denen man diese Brote und Fische und Brocken aufbewahrt. Ja, wenn wir's versäumen, sodass wir – wo Gott davor sei – die Sprachen fahren lassen, so werden wir nicht allein das Evangelium verlieren, sondern es wird auch dahin kommen, dass wir weder Lateinisch noch Deutsch richtig sprechen oder schreiben können. Darum ist's gewiss: Wo nicht die Sprachen bleiben, da muss zuletzt das Evangelium untergehen.

Dem Volk aufs Maul schauen

Man muss nicht die Buchstaben in der lateinischen Sprache fragen, wie man soll Deutsch reden, sondern man muss die Mutter im Hause, die Kinder auf der Gasse, den gemeinen Mann auf dem Markt drum fragen und denselbigen aufs Maul sehen, wie sie reden, und danach dolmetschen, so verstehen sie es denn und merken, dass man Deutsch mit ihnen redet.

Musik zählt zu Luthers Lieblingsthemen

Die Musik nicht verachten

Wer die Musik verachtet, wie denn alle Schwärmer tun, mit denen bin ich nicht zufrieden. Denn die Musik ist eine Gabe und Geschenk Gottes, nicht ein Menschengeschenk. So vertreibt sie auch den Teufel und macht die Leute fröhlich: Man vergisst dabei allen Zorn, Unkeuschheit, Hoffart und andere Laster. Ich gebe nach der Theologie der Musik die nächste Stelle und die höchste Ehre.

Vom Singen

Singen ist die schönste Kunst und Übung. Wer singt, hat nichts zu tun mit der Welt.

Singen ist eine feine, edle Kunst und Übung. Singen hat nichts mit der Welt und nichts mit der Streitsucht zu tun. Wer singt, der sorgt nicht viel. Er schlägt alle Sorgen aus und ist guter Dinge.

Musik muss geliebt werden

Die Musik hab ich allzeit lieb gehabt. Wer diese Kunst kann, der ist guter Art, zu allem geschickt. Man muss die Musik unbedingt in den Schulen behalten. Ein Schulmeister muss singen können, sonst sehe ich ihn nicht an. Man soll auch junge Gesellen zum Predigtamt nicht verordnen, sie haben sich denn in der Schule wohl versucht und geübt.

Die schlechten Fiedler und Geiger dienen dazu, dass wir sehen und hören, welch eine feine, gute Kunst die Musik sei; denn Weißes kann man besser erkennen, wenn man Schwarzes dagegen hält.

Musik kommt von Gott

Wenn unser Herrgott in diesem Leben in das Scheiß-
haus schon solche edle Gaben wie die Musik gegeben
hat, was wird in jenem ewigen Leben geschehen,
wo alles ganz vollendet und von himmlischer Freude
sein wird?

Musik ist gesund

Die Musik ist die beste Labsal für einen betrübten
Menschen, durch die das Herz wieder zufrieden, erquickt
und erfrischt wird; wie es bei Vergil heißt: „Tu calamos
inflare leves, ego dicere versus." – Singe du die Noten,
so will ich den Text singen.

Bei der Musik darf nicht gespart werden

Könige, Fürsten und Herren müssen die Musik erhalten;
denn großen Potentaten und Regenten gebührt es, über
guten freien Künsten und Gesetzen zu wachen. Und
wenn auch einzelne, gemeine und Privatleute Lust dazu
haben und sie lieben, können sie sie doch nicht erhalten.

Musik zählt zu Luthers Lieblingsthemen

Was Martin Luther über sich selbst sagt

Nur der Zorn ist geblieben

Ich bin frei von Geiz; vor der Lust bewahrt mich das Alter und der angegriffene Leib, ich leide nicht an Hass oder Neid gegen jedermann. Nur der Zorn ist mir noch geblieben, der doch meistens notwendig und gerecht ist. Doch habe ich noch andere größere Sünden.

Von der Geduld

Ich muss Geduld haben mit dem Teufel; ich muss Geduld
haben mit den Schwärmern, ich muss Geduld haben
mit den Scharrhansen, ich muss Geduld haben mit der
Käthe von Bora, und es ist der Geduld so viel, dass mein
ganzes Leben nichts anderes sein will als Geduld.

Melanchthon und ich

Philippus Melanchthon sticht mit Pfriemen und
Nadeln. Diese Stiche sind schwer zu heilen und tun
weh. Ich aber steche mit Schweinsspießen.

Die Welt hat keinen solchen Ekel an mir wie ich an ihr.

Ich bin mehr als töricht, wenn ich mit einer Sache,
die klarer ist als die Sonne, Worte und Zeit verliere.

Träume

Ich habe Gott gebeten, dass er mich mit Träumen ver-
schone; sie sind sehr zweideutig und trügerisch.

Er möchte mir auch kein Zeichen oder Engelsmächte offenbaren; ich kann mich solcher Dinge nicht annehmen, habe sie auch nicht nötig, da mir nun Gott einmal sein Wort gegeben hat, das auch ich jetzt habe.

Wo Luther herkommt

Ich habe oft mit Melanchthon davon geredet und ihm der Reihe nach mein ganzes Leben erzählt, wie es nacheinander ergangen ist und wie ich es geführt habe. Ich bin eines Bauern Sohn; mein Vater, Großvater, Ahnen sind rechte Bauern gewesen. Darauf sagte er: Ich wäre ein Oberster, Schultheiß, Heimburger und was sie sonst noch für Ämter im Dorf haben oder irgendein oberster Knecht über die anderen geworden. Danach, sprach ich, ist mein Vater nach Mansfeld gezogen und dort ein Berghauer geworden. Daher bin ich. Dass ich aber Baccalaureus, Magister, ein Mönch usw. geworden bin, das steht nicht in den Sternen. Habe ich denn aber nicht große Schande eingelegt, dass ich ein Mönch geworden bin, habe ich das braune Barett hingelegt und anderen gebracht? Das, wahrlich, verdross meinen Vater übel und tat ihm weh. Dennoch bin ich dem Papst in die Haare gefallen, und er mir ebenso, habe eine entlaufene Nonne zum Weibe genommen und etliche Kinder mit ihr gezeugt. Wer hat das in den Sternen gesehen? Wer hätte mir's vorausgesagt, dass es so geschehen würde?

Am Bibellesen hängt alles

Ich habe in meiner Jugend, als ich ein Mönch war, viel in der Bibel gelesen; und lest ihr sie auch fleißig, denn daran allein hängt es.

Ich habe nun etliche Jahre lang die Bibel jährlich zweimal gelesen; und wenn sie ein großer, mächtiger Baum wäre und alle Worte wären Ästlein und Zweiglein, so habe ich doch an allen Ästlein und Trieben angeklopft und gerne wissen wollen, was daran wäre und was sie vermöchten, und allezeit noch ein paar Äpfel oder Birnen heruntergeklopft.

Ihr habt nun die Bibel auf Deutsch, ich will jetzt aufhören zu arbeiten; ihr habt nun, was ihr haben sollt.

Was Martin Luther über sich selbst sagt

Seht alleine zu, und gebraucht es gut nach meinem
Tode.

Gott hat mich geführt wie einen Gaul

Hätte ich zuerst gewusst, als ich anfing zu schreiben,
was ich jetzt erfahren und gesehen habe (nämlich, dass
die Leute Gottes Wort so feind sind und sich ihm so
heftig widersetzen), so hätte ich fürwahr geschwiegen;
denn ich wäre nimmermehr so kühn gewesen, dass ich
den Papst und fast alle Menschen angegriffen und sie
erzürnt hätte. Ich meinte, sie sündigten nur aus Unwis-
senheit und menschlichen Gebrechen und wagten nicht,
vorsätzlich Gottes Wort zu unterdrücken; aber Gott hat
mich geführt wie einen Gaul, dem die Augen geblendet
sind, dass er die nicht sehe, die ihm zulaufen.

Mich arme Person

Meine Einfalt und arme geringe Person hat dem Papst
Schaden getan. Denn als ich anfing zu predigen und zu
schreiben, verachtete mich der Papst. Denn er dachte:

„Es ist ein einsamer Mann, ein armer Mönch. Habe ich doch diese Lehre verteidigt vor vielen Königen und Kaisern, Fürsten und Herren – was sollte da ein einzelner Mann tun?" Hätte er von Anfang an mit mir gerechnet, hätte er mich gleich am Anfang ausrotten und dämpfen können.

Gott hat mich geschützt

Gott hat mich mit großer Barmherzigkeit vor den Lobeserhebungen und auch vor den Tränen vieler Schwärmer bewahrt, welche meine Berufung aufs Höchste priesen, aber ohne Gottes Wort. Deshalb wollten sie meine Meister sein, und deshalb habe ich ihre Worte zurückgewiesen. Nur mit einem Auge sehen sie die Angelegenheiten dieser Welt, das Wort aber sehen sie nicht. Deshalb ist ihnen alles Ärgernis und Anstoß, was sie hören.

Theologie will gelernt sein

Ich habe meine Theologie nicht auf einmal gelernt, sondern habe immer tiefer und tiefer grübeln müssen.

Was Martin Luther über sich selbst sagt

Dazu haben mich meine Anfechtungen gebracht, denn ohne Übung und Erfahrung lernt man es nicht. Das fehlt den Schwärmern und den Rotten, dass sie den rechten Widersprecher nicht haben, nämlich den Teufel. Der lehrt's einen wohl. Lernt man doch auch andere Künste nicht ohne Übung! Was ist ein Medicus, der stets nur in der Schule liest? Je mehr er mit der Natur handelt und mit den Kranken umgeht und praktiziert, desto mehr sieht er, dass er die Kunst nicht ganz hat. Was soll es denn in der heiligen Schrift sein, wo Gott einen andern Widersacher gegeben hat? Darum ist das eine große Gnade, dass einer sagen kann: Das ist recht. Das weiß ich. Sie meinen, sie können es bald von einer Predigt. Zwingli hat auch darin geirrt, dass er dachte, er könnte es schon, es wäre eine schlichte Kunst. Ich weiß aber, dass ich das Vaterunser nicht kann. Ohne Übung kann niemand gelehrt sein.

Es ist nur ein Artikel und eine Regel in der Theologie – und wer diesen Artikel und diese Regel nicht einhält, der ist kein Theologe -, nämlich: wahrer Glaube oder Vertrauen auf Christus. In diesen Artikel fließen und gehen wieder heraus die andern alle, und ohne jenen sind die anderen nichts. Der Teufel hat von Anfang an versucht, diesen Artikel zu hintertreiben und an dessen Stelle seine Klugheit aufzurichten. – Den Betrübten, Elenden, Geplagten und Angefochtenen, denen schmeckt dieser Artikel, und sie sind es, die das Evangelium verstehen.

Unser Herrgott ist klüger als ich

Ich habe, Gott sei Lob und Dank, die Kunst gelernt, zu glauben, dass unser Herrgott klüger und weiser ist als ich. Was ich in der Theologie kann, das weiß ich daher, dass ich glaube, dass Christus allein der Herr ist, von dem die Heilige Schrift redet. Meine Grammatik, auch meine hebräische Sprache hätte mir's nicht gegeben, das weiß ich sehr wohl. Das sieht man auch fein an den alten Vätern, wie Sankt Bernhard und Sankt Augustin: Wenn sie von Christus reden, wie lieblich ist doch alle ihre Lehre; aber außerhalb von Christus ist's mit ihrer Lehre so kalt wie lauter Eis oder Schnee.

Ich brauche Jesus nicht leiblich ...

Ich habe und weiß nichts von Jesus Christus, weil ich
ihn leiblich weder gesehen noch gehört habe, als allein
seinen Namen. Doch habe ich aus der Schrift, gottlob,
von ihm so viel gelernt, dass ich mir sehr wohl genügen
lasse. Deshalb begehre ich auch nicht, ihn leiblich zu
sehen oder zu hören.

Wenn der Teufel den Schlaf raubt

Wenn der Teufel des Nachts an mich herankommt, um
mich zu plagen, gebe ich ihm diese Antwort: Teufel,
ich muss jetzt schlafen! Denn das ist Gottes Befehl und
Ordnung: des Tags arbeiten und des Nachts schlafen.
Zum anderen, wenn er nicht ablassen will und mir
meine Sünde vorhält, so spreche ich: Lieber Teufel, ich
hab's Register gehört, aber ich habe noch eine Sünde
getan, die steht nicht in deinem Register, schreib sie
auch an! Ich habe in die Hose geschissen, häng's an Hals
und wisch's Maul dran! Zum Dritten, wenn er noch
weiter anhält, hart in mich dringt und mich als Sünder
anklagt, so verachte ich ihn und spreche: Sancte Satane,

ora me! Lieber Teufel, bitte für mich, denn du hast nie übel gehandelt, bist allein heilig! Gehe hin zu Gott und erwirb dir selbst Gnade. Und wenn du mich fromm machen willst, so sage ich dir: Medice, cura te ipsum! Arzt, hilf dir selbst!

Bewahre uns vor Hochmut

O lieber Gott, bewahre uns, dass wir nicht in Hochmut fallen. Lass Juristen, Ärzte und andere hochmütig sein. In der Theologie hat der Hochmut keinen Platz, weil sie Leute fordert, die geistlich arm sind, die Gott anrufen sollen und die Gott retten wird.

Ich predige für die Einfältigen

Wenn ich auf die Kanzel komme, so beabsichtige ich, nur den Knechten und Mägden zu predigen. Um Doktor Jonas oder Melanchthon oder um der ganzen Universität willen wollte ich nicht ein einziges Mal auftreten. Denn sie können's sonst in der Schrift wohl lesen. Wenn man aber den Hochverständigen predigen und

bloß Lehren und Meisterstücke von sich geben will,
so steht das arme Volk da wie eine Kuh.

Vom Predigtdienst

Ich habe mich oft selbst angespien, wenn ich von der
Kanzel gekommen bin: Pfui dich an! Wie hast du
gepredigt? Du hast es wahrlich toll gemacht; du hast
dich an kein Konzept gehalten! Und eben dieselbe
Predigt haben die Leute aufs Höchste gelobt, dass ich
lange Zeit nicht so eine schöne Predigt gehalten hätte.
Als ich von der Kanzel hinuntergestiegen bin, da habe
ich mich besonnen und befunden, dass ich nichts
oder gar nichts davon gepredigt habe, was ich bei mir
konzipiert hatte, sodass ich gewisslich dafür halte:
Predigen ist eine ganz andere Sache, als wir meinen,
dass unser Herrgott einem oft eingibt. Es predigt einer
ganz anders, wenn er hinaufkommt, als er es hätte
tun wollen oder bei sich dachte. Es ist gut, dass einer
nur predige, wie es dem Glauben entspricht.

Fürs Verstehen gäbe ich alles

Wenn ich unendliche Welten hätte, so gäbe ich sie alle
dahin, um vollkommen zu verstehen, was ich lehre.

Mein Zorn hilft mir

Ich habe kein besseres Hilfsmittel als den Zorn.
Wenn ich gut schreiben, beten und predigen will, so
muss ich zornig sein. Dann erfrischt sich mein
ganzes Blut, mein Geist wird geschärft und alle
Anfechtungen weichen.

Vom Prophetsein

Ich bin nicht gern ein Prophet, denn meine Prophe-
zeiungen werden gerne wahr.

Nicht lutherisch, sondern christlich sein!

So nicht, du Narr, höre und lass dir sagen: Zum Ersten
bitte ich, man wolle meinen Namen nicht nennen
und sich nicht lutherisch, sondern christlich nennen.

Was Martin Luther über sich selbst sagt

Was ist Luther? Ist doch die Lehre nicht mein. Und ich bin auch für niemanden gekreuzigt. Paulus wollte nicht dulden, dass die Christen sich nach Paulus oder Petrus nennen sollten, sondern Christen. Wie käme denn ich armer stinkender Madensack dazu, dass man die Kinder Christi nach meinem heillosen Namen benennen sollte? So nicht, liebe Freunde, lasst uns tilgen die parteiischen Namen und Christen heißen nach Christus, dessen Lehre wir haben. Die Papisten haben zu Recht einen parteiischen Namen, weil sie nicht genug haben an Christi Lehre und Namen. Sie wollen auch päpstisch sein, so lasst sie päpstisch sein nach dem Papst, der ihr Meister ist. Ich bin und will keines Meister sein. Ich habe mit der Gemeinde die einzige Lehre Christi gemeinsam, der allein ist unser Meister.

Wenn mir jemand gesagt hätte ...

Gott weiß, dass ich nicht gedacht habe, so weit zu greifen, wie geschehen ist; ich hatte nur die Absicht, den Ablass anzugreifen. Wenn mir jemand gesagt hätte, als ich in Worms auf dem Reichstag war, ich

hätte sechs Jahre später eine Frau und würde zu Hause
sitzen, ich hätte es nicht geglaubt.

Ahnherr

Ich bin dem Abraham gleich, da ich ein Ahn bin aller
Mönche, Priester und Nonnen, aller Kinder, die sie
nunmehr erzeugt haben, der Vater eines großen Volkes.

Über eigenes Leiden

Meine Leiden waren für mich eine gute Lehre.
Sie haben mich demütig gemacht, das heißt, sie haben
die Sucht nach Ruhm und Eitelkeit verscheucht.

Vom Sterben

Sterbe ich, so will ich ein Geist werden und die Bischöfe,
Pfaffen und die gottlosen Mönche dergestalt plagen,
dass sie mit einem gestorbenen Luther mehr zu schaffen
haben sollen denn mit tausend lebendigen.

Luther über Gott und die Welt, Tod und Teufel

Die Schöpfung der Welt

Gott hätte wohl die Welt ungeschaffen lassen können, aber er hat sie geschaffen, um seine Herrlichkeit und Macht zu erweisen. Man soll unsern Herrgott nicht fragen: Warum hast du das gemacht?

Welt wird je länger, je ärger

Ich meine, es solle so sein, dass, je größer und heller das Licht des Evangeliums ist, desto böser ist die Welt.

Welt sieht, was vor Augen steht

Die Meinung der Welt hängt von dem ab, was vor Augen liegt. Sieht sie dann, was sich daraus in der Folge ergibt, so sagt sie: Ich hätte es nicht geglaubt. Der Glaube aber hält sich an das Zukünftige und an das, was entfernt ist.

Welt vor der Sintflut

Die Welt vor der Sintflut war sehr gelehrt wegen ihrer langen Erfahrung, aber auch die Gottlosigkeit war sehr groß, darum ist sie auch zu Grund gerichtet. Jetzt aber müssen wir früh sterben, und es wird uns nicht zugelassen, zu einer größeren Kenntnis zu kommen, als nötig ist, den Bauch zu ernähren.

Gottes und Menschen Trost

Des Menschen Trost steht in äußerlicher, sichtbarer Hilfe, die man greifen, sehen und fühlen kann. Gottes Trost steht allein im Wort und in der Zusage, wo weder Sehen, Hören noch Fühlen ist.

Ein Christ ist passiv

Ein Christ ist vor Gott passiv, weil er hier nur empfängt,
und vor den Menschen, denn hier duldet er nur.
Das Gute empfängt er von Gott und das Böse von den
Menschen.

Um zweierlei müssen sich die Christen in der Welt
sorgen: um das Wort Gottes und um das Werk Gottes.

Drei Arten von Menschen

Es gibt drei Arten von Menschen: 1. die Mehrzahl der
Menschen, die ganz selbstsicher ohne die geringste
Gewissenspein so dahinleben und kein Gefühl für
den Zorn Gottes haben; 2. die Gott, durch das Gesetz
erschreckt, fliehen und mit der Verzweiflung ringen wie
Saul; 3. die, welche in ihrem Schrecken schließlich die
Predigt des Evangeliums von der gnädigen Vergebung
der Sünden hören und sie annehmen.

Die Gottlosen haben den meisten Besitz

Unseres Herrgotts Güter genießen die bösen Buben
am besten. Denn die Tyrannen haben die Gewalt, die
Bauern Käse, Eier, Butter, Korn, Gerste, Äpfel, Birnen.
Die Christen aber müssen im Turm sitzen, dass sie
weder Sonne noch Mond bescheint. Nun wohlan, es
muss gewiss einmal anders werden.

Der Teufel kann die Welt am besten regieren

Gott weiß die Welt nicht zu regieren, weil die Welt Gott
nicht zum Regenten haben und leiden will, sondern
den Satan. Der versteht es auch, die Welt zu regieren.
Aber den Vorteil hat Gott, dass er die Welt und des
Teufels Regiment in der Welt zu Trümmern und Pulver
zerstört, wenn sie es zu grob machen.

Welt sucht Unsterblichkeit

Weil alle Menschen fühlen und erkennen, ja sehen,
dass sie sterben und vergehen müssen, sucht ein jeglicher hier auf Erden Unsterblichkeit, dass seiner ewig

gedacht werde. Einst suchten's große Könige, Fürsten und Herren damit, dass sie sich große Marmorsäulen und sehr hohe Pyramiden, Gebäude und Pfeiler setzen ließen, viereckig, aufgeführt und immer höher und spitzer. Damit vermeinten sie, unsterblich zu werden wie jetzt mit großen Kirchen, köstlichen, herrlichen Häuser und Gebäuden. Kriegsleute jagen und trachten nach großen Ehren und Lob mit ruhmreichen Siegen. Gelehrte suchen einen ewigen Namen mit Bücherschreiben, wie wir es denn jetzt auch in unsrer Zeit sehen. Aber auf die ewige, unvergängliche Ehre und Ewigkeit Gottes sieht man nicht. Ah, wir sind arme Leute!

Gott kann's der Welt nicht recht machen

Wie soll's doch Gott mit uns machen? Gute Tage können wir nicht ertragen, böse können wir nicht leiden! Gibt er uns Reichtum, so sind wir stolz, gibt er Armut, so verzagen wir. Darum ist nichts besser, als uns nur bald mit den Schaufeln zu Tanze geleitet, also gestorben und begraben. Wir sind eine böse Art. Wir sollen glauben, dass unser Gott gnädig sein will, sonst ist's ganz aus mit uns.

Von der Gewalt des Teufels

Der Teufel ist nicht ein promovierter Doktor, aber erfahren, wider ihn gilt niemand als Jesus Christus. Er kann sich fein zu Gott machen und sagt „Dies alles will ich dir geben" (Mat 4,9), wo er glaubt, dass Christus seine Kreatur sei. Aber Christus nennt ihn bei seinem rechten Namen (Mat 4,10): „Hebe dich hinweg von mir, Satan."

Was gehen meine Sünden den Teufel an?

Ist's nicht ein Jammer, dass uns der Bösewicht, der Teufel, durch seine Eingebungen verdammen will, da er doch weit ärger ist als alle Menschen? Was geht es ihn an, dass ich gesündigt habe? Denn ich habe nicht gegen ihn gesündigt, sondern gegen Gott, und er hat mir kein Gesetz gegeben, welches nicht übertrete, sondern Gott.

Traurigkeit kommt vom Teufel

Alle Traurigkeit ist vom Teufel; denn er ist ein Herr des Todes. Wenn du daher einmal schlecht über Gott denkst: Als ob er sich deiner nicht erbarmen wolle,

wolle dich verderben und dich töten, oder wenn du daran denkst, dass du doch sterben musst, dann folgere sogleich: Dieser Gedanke kommt vom Teufel und nicht von Gott. Denn Gott macht keine traurigen Gedanken, er schreckt nicht, er tötet nicht, sondern er ist ein Gott der Lebendigen. Deshalb hat er auch seinen eingeborenen Sohn gesandt, nicht um zu schrecken, sondern um zu trösten.

Lob Gottes

Lobet Gott im Himmel, brandmarkt die Teufel auf der Erde. Aber Gott wird nicht gelobt, wenn er nicht geliebt wird; er wird nicht geliebt, wenn er nicht wohltut; er tut nicht wohl, wenn er nicht gnädig ist. Er ist und kann nicht gnädig sein, wenn er nicht Sünden vergibt; er vergibt sie nicht anders als um Christi willen.

Zwei Dinge tut der Teufel

Zwei Dinge sind dem Satan eigen: das erste, dass er uns sicher macht und dass wir Gott zur Zeit des Wohlergehens nicht fürchten; das zweite, dass er uns zur Zeit der Trübsal verzweifeln und vor Gott fliehen lehrt.

Der Teufel als Vogelsteller

Der Teufel ist wie ein Vogelsteller, welche Vögel er stellt und berückt, denen dreht er die Hälse um und erwürgt sie, behält ihrer gar wenig; allein die da locken und sein Liedlein singen, und was er gerne hat, die setzt er in ein Bäuerlein, dass sie seine Lockvögel seien, andere mehr damit zu berücken und zu fangen. Die andern müssen alle herhalten. Ich hoffe nicht, dass er mich in ein Bäuerlein setzen würde. Darum, wer dem Satan widerstehen will, der muss wohl gewappnet und gerüstet sein mit Gottes Wort. Denn wenn einer sicher ist und mit seinen Gedanken ohne Gottes Wort umgeht, so ist er hinter dir her und geht dich an. Du wirst dich auch seiner nicht leicht erwehren, außer allein mit Gottes Wort und mit dem Gebet. Die Schirmschläge gesteht er dir nicht zu. Wenn du ihn gleich einmal weggewiesen hast, so kommt er doch bald wieder, besonders wenn du sicher bist, liegst und schnarchst und meinst, es habe nun keine Not mehr.

Christus als Arznei

Ein Trunk Wassers, wenn einer nichts Besseres haben kann, ist eine gute Arznei wider den Durst. Ein Stück Brot stillt den Hunger, und wer seiner bedarf, trachtet mit Fleiß danach, dass er's bekomme. So ist Christus die beste, gewisse, einzige Arznei wider den Tod. Es will aber menschlichen Herzen nicht eingehen. Doch das kleine Häuflein hält sich zu dem rechten Arzt und lernt an dieser Kunst, welche Simeon Luk 2,29.30 wohl gewusst hat, daher er fröhlich singt: „Mit Fried und Freud fahr ich dahin, denn meine Augen haben deinen Heiland gesehen", darum der Tod mein Schlaf ist worden. Darum ist's eine gräuliche Plage, dass wir täglich vor Augen sehen, wie gierig ein Durstiger nach Trinken ist, ein Hungriger nach Essen, so doch ein Trunk Wassers oder Stück Brots nur eine Stunde oder zwei den Durst oder Hunger vertreiben. Dagegen ist niemand oder gar wenig nach diesem allerteuersten Arzte begierig, obwohl er dazu Speise und Trank gibt, die unvergänglich sind und bis ins ewige Leben bleiben.

Der Tod

Die richtige Vorbereitung auf den Tod ist es zu wissen, dass der Tod, die Sünde, die Hölle und der Satan im gekreuzigten Christus besiegt und zu Boden geschlagen sind.

Schlaf und Tod

Es gibt kein sanfteres noch lieblicheres Ding auf Erden als einen süßen Schlaf. Deshalb ist für einen wirklichen Christen nichts süßer als der Tod. Er schläft, um fröhlich und mit Jubel aufzuerstehen. Alle Kreaturen sind Gott dem Herrn gehorsam. Die Sonne leuchtet und scheint nach Herzenslust, der Mond, die Sterne bei Tag und bei Nacht. Die Erde bringt Laub und Gras, Frucht und allerlei Gewächs hervor, und alles wirkt nicht weiter, als es von seinem Schöpfer Befehl dazu hat. Das Brot kräftigt und stärkt niemand mehr, als ihm sein Schöpfer befiehlt. Ebenso steht es mit dem Wein, dem Muskat usw., in summa, jedem Gewächs.

*L*uthers Liebe zu
den Fabeln

Aus Luthers Einführung
in die Nachdichtungen der Fabeln aus Äsop

Dies Buch von den Fabeln und Märchen ist ein hoch-
berühmt Buch gewesen bei den Allergelehrtesten auf
Erden, sonderlich unter den Heiden. Wiewohl auch noch
jetzt, die Wahrheit zu sagen, von äußerlichem Leben in
der Welt zu reden, wüsste ich außer der Heiligen Schrift
nicht viel Bücher, die diesem überlegen sein sollten, so
man Nutz, Kunst und Weisheit und nicht hochnäsiges

Geschrei wollt ansehen. Denn man darin unter schlechten Worten und einfältigen Fabeln die allerfeinste Lehre, Warnung und Unterricht findet, wie man sich im Haushalten, in und gegen die Obrigkeit und Untertanen schicken soll, auf dass man klüglich und friedlich unter den bösen Leuten in der falschen, argen Welt leben möge…

Darum haben solche weise hohe Leute die Fabeln erdichtet und lassen ein Tier mit dem andern reden, als sollten sie sagen, wohlan, es will niemand die Wahrheit hören noch leiden, und man kann doch die Wahrheit nicht entbehren. So wollen wir sie schmücken und unter einer lustigen Lügenfarbe und lieblichen Fabeln kleiden. Und weil man sie nicht hören will durch Menschenmund, dass man sie doch höre durch Tiere und Bestien Mund…

Vom Kranich und Wolfe

Da der Wolf einstmals vom Schaf geiziglich fraß, blieb ihm ein Bein im Halse stecken, davon er große Not und Angst hatte. Und erbot sich, groß Lohn und Geschenk zu geben, wer ihm hülfe. Da kam der Kranich und stieß seinen langen Kragen dem Wolf in den rachen und zog das Bein heraus. Da er aber den verheißenen Lohn fordert, sprach der Wolf: „Willst du noch Lohn haben? Danke du Gott, dass ich dir nicht den Hals abgebissen habe, du solltest mir als mein Geschenk ansehen, dass du lebendig aus meinem Rachen kommen bist."

Diese Fabel zeigt: Wer den Leuten in der Welt will wohl tun, der muss sich deswegen Undank dazuverdienen. Die Welt lohnet nicht anders denn mit Undank, wie man spricht. Wer einen vom Galgen erlöset, dem hilft derselbige gern dran.

Vom Hund und der Hündin

Eine schwangere Hündin bat mit demütigen Worten einen Hund, dass er ihr wollt sein Häuslein gönnen, bis sie geworfen hätte. Das tat der Hund gerne. Da nun die jungen Hündlein wuchsen, begehrt der Hund sein Häuslein wieder, aber die Hündin wollte nicht. Zuletzt drohte ihr der Hund und hieß sie das Häuslein räumen. Da ward die Hündin zornig und sprach: „Bist du böse, so beiß uns hinaus."

Diese Fabel zeigt: Wenn die Laus in Grind kommt, so macht sie sich stolz. Wenn man den Teufel zu Gast lädt, siehe, wie du des Bösen los werdest, wenn's über Hand nimmt.

Vom Frosch und der Maus

Eine Maus wäre gerne über ein Wasser gewesen und konnt nicht. Sie bat einen Frosch um treuen Rat. Der Frosch war hämisch und der Maus feind und sprach: „Binde deinen Fuß an meinen, so will ich schwimmen und dich hinüber ziehen." Da sie aber aufs Wasser kamen, tauchte der Frosch hinunter und wollt die Maus ertränken. Indem aber die Maus sich wehret und arbeitet, flog ein Weiher daher und erhaschte die Maus, zog den Frosch auch mit heraus und frisset sie alle beide.

Diese Fabel zeigt: Sieh dich vor, mit wem du handelst. Die Welt ist falsch und untreu wohl. Denn welcher ein Freund des andern überwindet, so steckt er ihn in den Sack. Doch schlägt Untreue allzeit ihren eigen Herrn, wie dem Frosch hier geschieht.

Vom Hahn und Perlen

Ein Hahn scharret auf dem Mist und fand eine köstliche Perle. Als er dieselbige im Kot so liegen sah, sprach er: „Siehe, du feines Dinglein, liegst du hier so jämmerlich. Wenn dich ein Kaufmann fände, der würde dein froh, und du würdest zu großen Ehren kommen. Aber du bist mir und ich dir kein Nutz. Ich nehme ein Körnlein oder Würmlein und lass ihm alle Perlen. Magst liegen, wie du liegst."

Lehre: Diese Fabel lehret, dass dies Büchlein bei Bauern und groben Leuten unwert ist, wie denn alle Kunst und Weisheit bei denselben verachtet ist, wie man spricht, Kunst gehet nach Brot. Sie warnet aber, dass man die Lehre nicht verachten soll.

Vom Hunde im Wasser

Es lief ein Hund durch einen Wasserstrom und hatte ein Stück Fleisch im Maule. Als er aber das Spiegelbild vom Fleisch im Wasser siehet, wähnet er, es wäre auch Fleisch und schnappt gierig darnach. Da er aber das Maul auftut, entfiel ihm ein Stück Fleisch, und das Wasser führets weg. Also verlor er beide, das Fleisch und den Schatten.

Lehre: Man soll sich begnügen lassen an dem, was Gott gibt. Wer das Wenige verschmähet, dem wird das Größere nicht. Wer zuviel haben will, der behält zuletzt nichts. Mancher verliert das Gewisse über dem Ungewissen.

Vom Löwen, Fuchs und Esel

Ein Löwe, Fuchs und Esel jagten miteinander und fingen einen Hirsch. Da hieß der Löwe den Esel das Wildbret teilen. Der Esel machte drei Teile, des ward der Löwe zornig und reißt dem Esel die Haut über den Kopf, dass er blutüberströmt dastund. Und hieß den Fuchs das Wildbret teilen. Der Fuchs stieß die drei Teile zusammen und gab sie dem Löwen ganz. Des lachtet der Löwe und sprach: „Wer hat dich so lehren teilen?" Der Fuchs zeiget auf den Esel und sprach: „Der Doktor da im roten Parret."

Die Fabel lehrt zwei Stücke:

Das erste, Herrn wollen Vorteil haben und man soll mit Herren nicht Kirschen essen, sie werfen einen mit den Stielen. Das andere, das ist ein weiser Mann, der sich an eines andern Unfall bessern kann.

Vom Raben und dem Fuchs

Ein Rabe hatte einen Käse gestohlen und setzte sich auf einen hohen Baum und wollte ihn verzehren. Als er aber seiner Art nach nicht schweigen kann, wenn er isset, höret ihn ein Fuchs über den Käse kecken und lief zu und sprach: „Oh, Rab, ich hab mein Lebtag nicht schöner Vogel gesehen von Federn und Gestalt, denn du bist. Und wenn du auch so eine schöne Stimme hättest zu singen, so sollt man dich zum König krönen über alle Vögel.“ Den Raben kitzelt solches Lob und Schmeicheln, fing an, wollt sein schönen Gesang hören lassen. Als er den Schnabel auftut, entfiel ihm der Käse. Den nahm der Fuchs behend, fraß ihn und lachte des törichten Rabens.

Hüt dich, wenn der Fuchs den Raben lobt.

Hüt dich vor Schmeichlern, so schinden und schaben etc.

Von D. Mogenhofer

Mogenhofer (gestorben 1530), war ein bekannter Jurist und Kanzler Friedrichs des Weisen. Diese Anekdote hat Martin Luther in die Handschriften seiner Fabelübersetzungen mit eingegliedert

Es begegnet einmal ein Schinder dem großen Doktor N. Mogenhofer, grüßt ihn und sprach: „Gott ehre das Handwerk, lieber Freund." Der Doktor sprach: „Wie, bist du meines Handwerks und ich deines Handwerks?" Der Schinder sprach: „Ihr seid ein Jurist und ich ein Schinder. So schinde ich tote Hunde und ihr schindet lebendige Leute."

Grobe unvernünftige Leute soll man verachten und ihnen nicht antworten.

Vom Löwen und vom Esel

Der alte Löwe ward krank und forderte alle Tiere zu sich, seinen letzten Reichstag zu halten und seinen Erben, den jungen Löwen, an seiner statt zum Könige zu setzen. Die Tiere kamen gehorsam, nahmen des alten Löwen letzten Willen an. Als aber der alte Löwe starb und herrlich bestattet wurde, wie sich's einem Könige gebührt, taten sich etliche untreue, falsche Räte des alten Königs hervor, welchen doch der alte König viel Gutes getan und zu großen Ehren verholfen hatte. Die suchten nun ein freies Leben zu haben und nach ihrem Gefallen im Reich zu regieren und wollten keinen Löwen mehr zum König haben und sprachen auch: „Niemand soll jetzt über uns regieren." Sie zeigten an, was für ein grausames Regiment die Löwen bisher geführt hätten, wie sie die unschuldigen Tiere zerrissen und fressen, dass niemand sicher vor ihnen sein könnte, wie es denn zu geschehen pflegt, dass man alles Gute schweigt und allein das Ärgste redet von den Oberen. Es ward aus solcher Rede ein großes Gemurmel unter allen Ständen des Reichs. Etliche wollten den jungen Löwen behalten, aber der größere Teil wollte einen anderen auch versuchen. Zuletzt forderte man sie zusammen, dass man nach der Mehrheit Wohlwollen wählen sollte. Die falschen untreuen Räte hatten den Fuchs zum Redner gemacht, der das Wort führen sollte für des Reiches Stände, und sie gaben ihm Unterricht und feine Instruktionen, damit er den Esel vorschlagen sollte. Es war zum ersten zwar dem Fuchs selber lächerlich, dass ein Esel sollte König sein. Aber da hörte er ihre Bedenken, wie frei sie könnten unter dem Esel leben und möchten ihn regieren, wie sie wollten. Das ließ der Schalk sich selber gefallen und half ihnen treulich dazu, wie er die Sache wollt anfassen und hübsch vorbringen.

Und er trat auf vor des Reiches Ständen, räusperte sich und hieß stillschweigen, fing an zu reden von des Reiches Not und schweren Sachen, trieb aber die ganze Rede dahin, dass der König schuld gewesen wäre, und macht das Löwengeschlecht so zunichte, dass der Haufen ganz abfiel. Da aber ein großer Zweifel ward, welches Tier zu wählen sein sollte, hieß er abermals schweigen und hören und schlug des Esels Geschlecht vor und brachte wohl eine Stunde zu über dem Esel loben, wie der Esel nicht stolz noch tyrannisch wäre, täte viel arbeiten, wäre geduldig und demütig, ließe ein ander Tier auch etwas sein und stünde nicht viel zu halten, wäre auch nicht grausam, fresse die Tiere nicht; ließe ihm an geringer Ehre und Zins genügen. Als nun der Fuchs merkte, wie solches alles den Pöbel kitzelte und wohl gefiel, da tat er den rechten Zusatz und sprach: „Über das, liebe Herren, haber wir zu bedenken, dass er vielleicht auch von Gott dazu verordnet und geschaffen sei. Das könnte man daran merken, dass er ein Kreuz ewiglich auf dem Rücken trägt."

Da der Fuchs des Kreuzes gedachte, setzten sich dafür alle Stände des Reichs ein und fielen mit großem Schall: „Nun haben wir den rechten König gefunden, welcher kann beide, weltlich und geistlich Regiment, verwalten." Da preiset ein jeglicher etwas am Esel. Einer sprach, er hätte feine lange Ohren, die wären gut zum Beichten hören, der andere sagt, er hätte auch eine gute Stimme, die wohl klingt in der Kirche zu predigen und päpstlicher Ehren wert wäre. Aber vor allen Tugenden leuchtet das Kreuz auf dem Rücken. Also ward der Esel zum König unter den Tieren erwählt.

Der arme junge König ging elende und betrübt als ein verstoßene Waise aus seinem erblichen Reich.

Etliche alte treue fromme Räte, denen solcher Handel leid war, erbarmten sich seiner. Sie besprachen sich, wie es eine lästerliche Untugend wäre, dass man den jungen König so schändlich sollte lassen verstoßen sein, sein Vater hätte solches nicht um sie verdient. Es dürfte auch nicht gehen im Reich, wie es der Fuchs und seine Gesellen wollten, die ihren Mutwillen und nicht des Reiches Ehre suchen. Sie ermannten sich und baten die Reichsstände zusammen, sie hätten etwas Nötiges vorzubringen. Da trat der Älteste auf, das war ein alter Hund, ein treuer Rat des alten Löwen, und er erzählte mit schöner Rede, wie solche Wahl des Esels wäre zu schnell und übereilt und dem Löwen großes Unrecht geschehen. Es muss nicht alles Gold sein, was da glänzt. Der Esel, auch wenn er schön das Kreuz auf dem Rücken trüge, könnte nur so scheinen und es sei nichts dahinter, wie alle Welt durch Glänzen und schönen Schein betrogen wird. Der Löwe habe durch seine Tugend viel mit der Tat beweisen können, der Esel aber hätte keine Tat bewiesen. Darum sollten sie zusehen, dass sie nicht einen König erwählten, der nicht mehr denn ein geschnitztes Bild wäre, welches auch wohl ein Kreuz tragen könnte.

Und wo ein Krieg sich erhübe, wüssten sie nicht, was das eitel Kreuz helfen könnte, wenn nicht mehr dahinter wäre.

Solche ernste, tapfere Rede des Hundes bewegte alle. Dem Fuchs und den untreuen Räten ward bange. Sie gaben vor, was im Reich beschlossen wäre, sollte bleiben. Aber es bewegte gleichwohl den Haufen, dass der Esel nie nichts mit der Tat bewiesen hätte und möcht das Kreuz sie wohl betrogen haben, doch mit der Wahl konnten sie nicht zurück. Endlich, da der Hund auf die Tat und auf den falschen Schein des Kreuzes so hart drang, ward durch seinen Vorschlag bewilligt, dass der Esel sollte mit dem Löwen um das Reich kämpfen. Welcher gewönne, der sollte König sein. Sie konnten's jetzt nicht anders machen, weil die Wahl im Reich geschehen wäre. Da kriegte der junge Löwe wieder ein Herz und alle frommen Untertanen große Hoffnung. Aber der Fuchs hing der Schwanz mit seinen Gesellen, trauten sie doch ihrem neuen König nicht viel ritterlichen Kampf zu. Der Kampftag ward bestimmt und alle Tiere kamen auf ihren Platz. Der Fuchs hielt fest bei dem Esel, der Hund bei dem Löwen.

Den Kampf ließ der Esel den Löwen wählen. Der Löwe sprach: „Wohlan, es gilt: Wer über diesen Bach springt, ohne den Fuß nass zu machen, der soll gewonnen haben." Es war aber ein großer Bach. Der Löwe holte aus, sprang drüberhin, wie ein Vogel drüberhin flöge. Der Esel und Fuchs dachten: „Wohlan, wir sind zuvor auch nicht König gewesen. Wagen gewinnt, wagen verliert", er musste springen. Und sprang platsch mitten in den Bach, wie ein Stein hineinfiele. Da sprang der Löwe herum am Ufer und sprach: „Ich meine ja, der Fuß sei nass." Aber nun siehe doch, was Glück und List vermag: Dem Esel hatte sich ein kleines Fischlein im Ohr unter dem Wasser verwirret und verfangen. Als nun der Esel aus dem Bach kroch und die Tiere sich über den Sprung wohl zugelacht hatten, sieht der Fuchs, dass der Esel den Fisch aus dem Ohr schüttelt, und hebt an und spricht: „Nun schweigt und höret!

Wo sind sie nun, die das Kreuz verachten, dass es keine Tat könne beweisen? Mein Herr König Esel spricht, er hätte auch wohl wollen über den Bach springen, aber das wäre ihm eine schlechte Kunst gewesen, seines Kreuzes Tugend zu beweisen, zumal es der Löwe und andere

Tiere wohl auch ohne Kreuz tun. Sondern er sah im Sprunge ein Fischlein im Bach, da sprang er nach, und damit seines Kreuzes Wunder noch größer werde, wollt er's nicht mit dem Maul oder Pfoten, sondern mit den Ohren fangen. So lasst den Löwen auch tun, und er sei hernach König. Aber ich denke, er wird weder mit dem Maul noch mit den Klauen einen Fisch fangen, selbst wenn er gleich danach ginge, geschweige denn, wenn er sprünge."

Der Fuchs machte mit solchem Geschwätz abermals ein Getümmel, und das Kreuz wollt schlecht gewinnen. Den Hund verdross das Glück übel, aber vielmehr, dass der falsche Fuchs mit seinem Fuchsschwänzlein den Haufen also narrte. Er fing an zu bellen, es wäre zufällig so geraten und kein Wunder. Damit aber nicht ein Aufruhr werde durch das Gebeiße des Fuchses und des Hundes, wurde für gut angesehen, dass der Löwe und der Esel alleine an einen Ort gingen und daselbst kämpften.

Sie zogen hin zu einem Holz ins Reichs Geleit und Friede. „Es gilt", sprach der Löwe, „welcher das behendeste Tier fanget." Und er lief zum Holz hinein und jagt, bis er einen Hasen fanget. Der faule Esel dachte: „Es will mich das Reich zuviel Mühe kosten, ich bin nicht zufrieden mit dieser Art", legt sich auf den Platz nieder in der Sonne und lechzt mit der Zunge heraus vor großer Hitze. So kommt ein Rabe und meint, es sei ein Aas, setzt sich auf seine Lippen und will essen. Da schnappt der Esel zu und fanget den Raben. Da nun der Löwe kommt fröhlich gelaufen mit seinem Hasen, findet er den Raben im Eselsmaul und erschrickt. Kurz, es war verloren und es beginnt ihm nun selbst zu grauen vor dem Kreuz des Esels. Doch verließ er das Reich nicht gerne und sprach: „Lieber Esel, es gilt noch eines um guter Gesellen willen, aller guten Dinge sollen drei sein." Der Esel musste wohl tun, die Hälfte aus Furcht, weil er allein mit ihm war, und nahm an.

Der Löwe sprach: „Jenseits dem Berge liegt eine Mühle. Wer am ersten dahin kommt, soll gewonnen haben. Willst du unten um den Berg oder über den Berg laufen?" Der Esel sprach: „Lauf du über den Berg." Der Löwe, wie im letzten Kampf, lief, was er Leibes laufen konnte. Der Esel blieb still stehen und dachte: „Ich werde doch zum Spott und mache mir müde Beine, wenn ich laufe, ich merke wohl, der Löwe gönnet mir doch die Ehre nicht. So will ich nun auch nicht umsonst arbeiten." Als der Löwe über den Berg kommt, so siehet er einen Esel vor der Mühle stehen. „Ei", spricht er, „hat dich der Teufel bereits hergeführt? Wohlan, noch einmal zurück an unseren Ort." Da er aber wieder herüber kommt, siehet er den Esel abermals da stehen. Zum dritten Mal spricht er: „Wieder zur Mühle." Da siehet er zum dritten Mal den Esel stehen und musste nun den Esel gewonnen geben und bekennen, dass mit dem Kreuz nicht zu scherzen ist. Also blieb der Esel König und regierte sein Geschlecht bis auf diesen Tag gewaltig in der Welt unter den Tieren.

Kostproben aus Luthers Briefschatz

Luther an Georg Spalatin am 16. April 1525

Georg Spalatin (1484-1545), Freund Luthers, Superintendent in Altenburg

… Was du übrigens über eine Ehe für mich schreibst. Ich will nicht, dass Du Dich über mich wunderst, dass ich selbst nicht heirate, der ich ein so berüchtigter Liebhaber bin. Das ist umso verwunderlicher, als ich, der ich so oft über die Ehe schreibe und mich in Weibergeschichten einmische,* nicht schon längst ein Weib geworden bin, geschweige denn irgendeine geheiratet habe. Doch wenn Du ein Beispiel haben willst, siehe, da hast Du ein sehr überzeugendes: Ich habe nämlich drei Frauen zugleich gehabt und habe so stark geliebt, dass ich zwei verloren habe,** welche andere Freier nehmen werden. Die Dritte halte ich kaum am linken Arme,*** auch sie wird mir ebenfalls bald entrissen werden. Doch siehe zu, dass ich, dessen Sinn der Ehe ganz fern steht, Euch ganz bereitwilligen Freiern nicht einmal zuvorkomme, wie Gott das zu tun pflegt, was man am allerwenigsten erwartet. Dies sage ich, damit ich Dich ohne Scherz zu dem treibe, was Du vorhast. Gehab Dich wohl, lieber Spalatin.

* Luther hatte oft zum evangelischen Glauben übergetretene Nonnen aus sozialen Gründen vermittelt.
** Ave Alemann in Magdeburg, die Luther nahestand und vermutlich die Schwestern Ave und Margarete Schönfeld.
*** Ehe zur linken Hand = gesetzlich anerkannter Konkubinat.

Luther an seinen Sohn Johannes von der Veste Koburg am 19. Juni 1530

Meinem herzlieben Sohn Hänschen Luther zu Wittenberg.

Gnade und Friede in Christus, mein herzlieber Sohn, ich sehe gern, dass Du wohl lernst und fleißig betest. Tue also, mein Sohn, und fahre fort. Wenn ich heimkomme, so will ich Dir ein schön Jahrmarkt (Geschenk) mitbringen.

Ich weiß einen hübschen, schönen lustigen Garten. Da gehen viele Kinder drinnen, haben goldene Röcklein an und lesen schöne Äpfel unter den Bäumen und Birnen, Kirschen, Spillinge und Pflaumen; singen, springen und sind fröhlich. Sie haben auch schöne kleine Pferdlein mit goldenen Zäumen und silbernen Sätteln. Da fragte ich den Mann, dem der Garten gehört, was das für Kinder wären? Da sprach er: „Es sind die Kinder, die gern beten, lernen und fromm sind. Da sprach ich: Lieber Mann, ich hab auch einen Sohn, der heißt Hänschen Luther; könnte er nicht auch in den Garten kommen, dass er auch solche Äpfel und Birnen esse und solche feinen Pferdlein reiten und mit diesen Kindern spielen könnte? Da sagte der Mann: Wenn er gern betet, lernet und fromm ist, so soll er auch in den Garten kommen, Lippus und Jost auch. Und wenn sie alle zusammen kommen, so werden sie auch Pfeifen, Pauken, Lauten und allerlei anderes Saitenspiel haben und auch tanzen und mit kleinen Armbrüsten schießen.

Und er zeigte mir dort eine feine Wiese im Garten, zum Tanzen zugerichtet, da hingen eitel goldene Pfeifen, Pauken und feine silberne Armbrüste. Aber es war noch frühe, dass die Kinder noch nicht gegessen hatten, darum konnte ich auf den Tanz nicht warten und sprach zu dem Mann: Ach lieber Herr, ich will flugs hingehen und das alles meinem lieben Sohn Hänschen schreiben, dass er auch in diesen Garten komme. Aber er hat eine Muhme Lene, die muss er mitbringen. Da sagte der Mann: Es soll ja sein, gehe hin und schreib's ihm also.

Darum, lieber Sohn Hänsichen, lerne und bete ja getrost, und sage es Lippus und Justus auch, dass sie auch lernen und beten, so werdet Ihr miteinander in den Garten kommen. Hiermit sei dem lieben Gott befohlen und grüße Muhme Lene und gibt ihr einen Buß in meinem Namen. Dein lieber Vater Martinus Luther.

Lippus, der Sohn Philipp Melanchthons, geb. am 21. Februar 1525, und Justus, der Sohn Justus Jonas', geb. am 3. Dezember 1525; die Muhme Lene ist Magdalena von Bora, die Tante Katharina von Bora.

Martin Luther an Nikolaus von Amsdorf am 9. Juli 1545

Nikolaus von Amsdorf (1483-1556) war ein Freund Luthers; Professor in Wittenberg, später erster evangelischer Bischof in Naumburg

Ich würde schreiben, wenn ich etwas hätte, was ich schreiben könnte, ehrwürdiger Vater in Christus. Denn ich vermute, dass Dir alles besser bekannt ist als uns. Vom Reichstag in Worms aus wird geschrieben, dass der Kaiser sehr darauf dringe, dass die Unseren dem Konzil von Trient zustimmen sollen. Da die Unseren dies nicht tun wollen, sagt man, sei er unwillig. Was dies für eine Ungeheuerlichkeit ist, verstehe ich nicht. Der Papst schreit, dass wir Ketzer sind und keinen Sitz im Konzil haben sollen; der Kaiser will, dass wir dem Konzil und seinen Beschlüssen zustimmen. Vielleicht macht Gott sie zu Toren! Ja, wenn der Satan regiert, dann sind sie alle völlig unsinnig, da sie uns ja verdammen und zugleich um unsere Einwilligung bitten. Aber dies scheint ihre rasende Weisheit zu sein. Weil sie bisher ihre sehr üble Sache unter dem Namen des Papstes, der Kirche, des Kaisers, der Reichstage nicht furchtgebietend machen konnten, gedenken sie jetzt den Namen des Konzils vorzuwenden, damit sie etwas haben, was sie gegen uns anführen können: dass wir nämlich so schändliche Leute sind, dass wir weder den Papst noch die Kirche, den Kaiser, das Reich, jetzt auch nicht einmal das Konzil hören wollen, welches von uns so oft gefordert worden ist. Siehe, die Weisheit des Satans gegen unseren törichten Gott! Wie wird er so listigen

Anschlägen entgehen können? Aber er ist der Herr, der die Spötter verspotten wird. Wenn wir so in ein solches Konzil einwilligen sollten, warum haben wir denn nicht vor 25 Jahren in den Herrn der Konzilien, den Papst, und in seine Bullen eingewilligt? Zuerst soll der Papst anerkennen, dass ein Konzil über ihm steht und dass er auf das Konzil hören will, auch wenn es gegen ihn spricht, so wie sein Gewissen gegen ihn zeugt; dann wollen wir auch über die ganze Frage diskutieren. Sie sind toll und töricht. Gott sei Dank.

Martin Luther an Käthe am 25. Januar 1546

Meiner freundlichen, lieben Käthe Luther, Brauerin und Richterin auf dem Saumarkt zu Wittenberg zu Händen.

Gnade und Friede im Herrn! Liebe Käthe! Wir sind heute um acht aus Halle abgefahren, aber nicht nach Eisleben gekommen, sondern um neune wieder in Halle eingezogen. Denn es begegnete uns eine große Wiedertäuferin mit Wasserwogen und großen Eisschollen, die bedrohten uns mit der Wiedertaufe und hat das Land bedeckt. So können wir auch nicht zurück wegen der

Mulde zu Bitterfeld und müssen hier zu Halle zwischen den Wassern gefangen liegen. Nicht, dass uns danach dürstete zu trinken, wir nehmen dafür gutes Torgauer Bier und guten rheinischen Wein, damit laben und trösten wir uns so lange, bis die Saale heute wolle auszürnen. Denn weil die Leute und Fährmeister selbst kleinmütig waren, haben wir uns nicht wollen ins Wasser begeben und Gott versuchen. Denn der Teufel ist uns gram und wohnt im Wasser. Es ist besser, sich vorzusehen als nachher geklagt, und es ist nicht nötig, dass wir eine Narrenfreude dem Papst samt seinem Anhang machen sollten. Ich hätte nicht gemeint, dass die Saale ein solches Bad machen könnte, dass sie über die Steine und alles so rumpeln sollte. Für jetzt nicht mehr. Betet für uns und seid fromm. Ich glaube: Wärest Du hier gewesen, so hättest Du uns geraten, so zu tun. Das schreibe ich, damit Du siehst, dass wir Deinem Rat auch einmal folgen. Hiermit Gott befohlen, Amen. An St. Paulus' Bekehrungstag, da wir auch uns vor der Saale gen Halle kehrten. 1546. Martinus Luther D.

Sprachwitz und Redewendungen, die auf Luther zurückgehen

Von Martin Luther wissen wir, dass er häufig auf die Bedeutung der Sprichwörter in der deutschen Sprache hingewiesen hat. Er war ein Freund der volkstümlichen Rede, und so nimmt es nicht wunder, dass er sich in einem kleinen Oktavheftchen zufällig aufgefangene Sprichwörter notierte. Er hat auch mehrmals den Wunsch geäußert, man möge doch zu einer vollständigen Herausgabe deutscher Sprüche und Redewendungen kommen. Seine eigene Sammlung konnte diesem Anspruch nicht gerecht werden; sie blieb ein ähnliches Fragment wie seine Fabelübersetzungen. In diesem Oktavheft sind wahllos Sprüche aneinandergereiht, die Luther wert genug schienen, sie in seinen Sprachschatz einzugliedern und zu verwenden. Am 2. März 1535 schrieb er an den ehemaligen Generalvikar des Augustinermönchordens, Wenceslaus Linck, einen Brief, in dem er sich entschuldigte, dass er das Latein nicht mehr so gut beherrsche, weil er sich jetzt mühe, deutsche Bücher zu schreiben:

„Ich will Deutsch reden, mein gnädiger Herr Wenzel. Wenn es Euch nicht zu schwer noch zu viel oder zu lang oder zu weit oder zu hoch oder zu tief und dergleichen mehr wäre, so bitte ich, wollet etwa einen Knaben lassen sammeln alle deutschen Bilde, Reime, Lieder, Bücher, Meistersänge, welche bei Euch dieses Jahr sind gedichtet, gedruckt durch eure deutschen Poeten und Formschneider oder Drucker. Ich habe Ursache, warum ich sie gerne hätte. Lateinische Bücher können wir alle hier selber machen, an deutschen Büchern müssen wir fleißig lernen…"

Martin Luther stellt den pädagogischen Wert der Sprichwörter neben den der Fabeln. Er hatte jedoch nicht nur die Weisheit des Volkes im Blick, ihn leitete bei seinen Aufzeichnungen durchaus auch ein sprachwissenschaftliches Interesse. Der eigentliche Grund seiner Sammlung aber ist dem Brief an Linck zu entnehmen: Er will deutsche Bücher schreiben.

Aus seiner Sammlung hier einige Kostproben:

Wer weiß, wer des andern Schwager ist?

Viele Hände machen leichte Arbeit.

Eine offenbare Lüge ist keiner Antwort wert.

Wer über sich hauet,
dem fallen die Späne in die Augen.

Es liegt an den Wölfen nicht,
dass die Hunde sterben.

Wenn jemand sich in einer Sache nicht auskennt,
soll er seinen Senf nicht dazugeben.

Fortschritt machen ist nichts anderes,
als immer wieder von vorne anfangen.

Der Katzen Spiel ist der Mäuse Tod.

Ein man kein Mann.

Wer flieht, den jagt man.

Wer den anderen jagt, wird auch müde.

Narren sind Leute,
aber nicht wie andere Leute.

Jenseits des Berges sind auch Leute.

Die bescheidenen Hunde fressen die Wölfe gerne.

Der Wolf frisst die gezählten Schafe auch.

Wer's kann, dem kommt's.

Er lässt kein Spinnweb vors Maul.

Im großen Wasser fängt man große Fische,
im kleinen Wasser gute Fische.

Sprachwitz und Redewendungen, die auf Luther zurückgehen

Er hat Hummeln im Arsch.

Er hat Grillen im Kopf.

Lang ist nicht ewig.

Aus hohlem Topf reden.

Wer es riecht, aus dem es kriecht.

Frauen soll man loben, es sei wahr oder gelogen.

Wer die Nase in alle Winkel steckt,
der klemmt sich gerne.

Guter Rat kommt nie zu spät.

Kann weder gackern noch Eier legen.

Man erkennt den Vogel an den Federn.

Wenn die alten Hunde bellen,
soll man hinsehen.

Wo die Hunde bellen, ist das Dorf nicht weit.

Hüt' dich vor den Katzen, vorne lecken, hinten kratzen.

Wer nicht Brot essen mag, der wandere.

Ein Messer hält das andere in der Scheide.

Der Kuckuck ruft seinen eigenen Namen.

Wer nichts zu reiten hat, muss gehen.

Es muss ein magerer Braten sein, wenn er nicht tropft.

Wer an einem Weg baut, findet viele Ratgeber.

Wer einen Pfennig nicht ehrt, ist keines Guldens Herr.

Wer den Schaden hat, darf für den Spott nicht sorgen.

Ein freundliches Gesicht deckt alles zu.

Ein freundlicher Wirt ist das beste Gericht.

Sprachwitz und Redewendungen, die auf Luther zurückgehen

Ich will dir den Teufel braten.

Dreck löscht auch Feuer.

Ich hab's im Sinn,
hätt' ich's im Beutel!

Was wäre Dreck, wenn er nicht stinkt.

Eine Dohle brütet keine Tauben aus,
und ein Narr zeugt keinen Klugen.

Dich wird nach der Sonne frieren.

Es tanze jeder auf seinen Füßen.

Über den Zaun gucken hält gute Nachbarschaft.

Lass dir die Sonne in den Arsch scheinen.

Er lässt die Finger gerne ankleben.

Wer bei den Wölfen sein will, muss mit ihnen heulen.

Ein großer Vogel braucht ein großes Nest.

Torheit macht Arbeit.

Alte Ziegen lecken gerne Salz.

Wer im Geringsten treu ist,
der ist auch im Großen treu.

Wer eine Stunde versäumt,
der versäumt auch wohl einen Tag.

Wer das Geringe verschmäht,
dem wird das Große nicht zuteil.

Was die Kinder sehn, das wollen sie haben.

Einen schweren Stein kann man nicht weit werfen.

Wer ein Ding nicht bessern kann,
der lass das böse stehn.

Wenn's Ende gut ist, ist alles gut.

Sprachwitz und Redewendungen, die auf Luther zurückgehen

Thomas Maess, Jahrgang 1948, wuchs in Jena auf und erlernte dort den Beruf des Schriftsetzers und Buchherstellers. Er studierte später an der Alma Mater Jenensis Theologie und arbeitete im Verlag Hermann Böhlaus Nachf. in Weimar. Neben seiner Arbeit als Autor und Herausgeber arbeitete er in Kiel im Stab der Ministerpräsidentin Heide Simonis und ist heute u. a. als Referent und Hochschuldozent für Rhetorik und Sprache tätig.

Bibliografische Information der Deutschen Nationalbibliothek.
Die Deutsche Nationalbibliothek verzeichnet diese Publikation
in der Deutschen Nationalbibliografie; detaillierte bibliografische
Daten sind im Internet über http://dnb.d-nb.de abrufbar.

Umschlagfoto wragg/getty images

Gestaltung Elisabeth Fernges, Hansisches Druck- und Verlagshaus GmbH

Druck und Bindung BELTZ Bad Langensalza GmbH

2. Auflage 2017
© Hansisches Druck- und Verlagshaus GmbH, Frankfurt am Main 2015

ISBN 978-3-86921-292-0